父母的修养
是孩子最好的
心理营养

李丹丹 —— 著

苏州新闻出版集团
古吴轩出版社

图书在版编目（CIP）数据

父母的修养是孩子最好的心理营养 / 李丹丹著. --
苏州：古吴轩出版社，2024.5
ISBN 978-7-5546-2357-2

Ⅰ. ①父… Ⅱ. ①李… Ⅲ. ①儿童教育—家庭教育
Ⅳ. ①G782

中国国家版本馆CIP数据核字（2024）第076737号

责任编辑：任佳佳
策　　划：周建林　吴海燕
装帧设计：尧丽设计

书　　名：**父母的修养是孩子最好的心理营养**
著　　者：李丹丹
出版发行：苏州新闻出版集团
　　　　　古吴轩出版社
　　　　　地址：苏州市八达街118号苏州新闻大厦30F
　　　　　电话：0512-65233679　　　　邮编：215123
出 版 人：王乐飞
印　　刷：唐山市铭诚印刷有限公司
开　　本：670mm×950mm　　1/16
印　　张：10
字　　数：105千字
版　　次：2024年5月第1版
印　　次：2024年5月第1次印刷
书　　号：ISBN 978-7-5546-2357-2
定　　价：46.00元

如有印装质量问题，请与印刷厂联系。022-69236860

前言

　　父母的语言，可以像温润的春风般和煦，让孩子更坚强和勇敢；也可以像凛冽的寒风般刺骨，使孩子更脆弱和自卑。是温暖，还是阴冷，就在父母的一念之间。父母的语言，一字一句都在塑造孩子未来的模样。

　　你还在这样跟孩子说话吗？

　　当孩子失败多次，躲在屋子里哭泣时，你推开门说："男子汉大丈夫，哭什么哭，再坚持一下，你一定可以的。"

　　当孩子数学考试没考好时，你拿着卷子脱口而出："这么简单的题都做错了，你也是个'人才'了。"

　　当孩子不敢上台表演，躲在你身后时，你觉得丢脸，将她一把拉到人群外："我怎么生出来你这么胆小怕事的孩子！上啊，这有什么难的?！"

　　当孩子担心考不好时，你说："整天瞎担心什么，学到了自然就考得好，你担心还是因为你没学好，赶紧看书去，玩儿什么玩儿。"

…………

很多时候，父母的一句话会让原本不脆弱的孩子变得脆弱；让本可以试试的孩子心灰意冷，他们本就信心不足，被父母一说，更失去了继续做的决心。

成为父母的那一天，我们就注定变得很重要，我们对孩子说的每一句话都可能影响他们的成长和未来。因此，我们需要学会使用积极正面的语言，提高自身的修养，让孩子知道，父母一直都是他们坚强的后盾，且会一直支持和相信他们，给他们力量，让他们更勇敢、更自信、更坚强！

本书用本土化的案例向父母指出父母约束自身言行的重要性，帮助父母用积极、正向的语言来引导孩子乐观向上，对抗脆弱的内心，从而成就孩子的美好未来。

目录

第一章

父母给予孩子成长的力量

孩子需要父母的语言引导

在一定意义上，父母的语言引导更像是一盏明灯，给陷入迷雾中的孩子指明方向，让他们在黑暗中也能无所畏惧地前行。语言的力量就是如此强大，能激发孩子身上的潜能。但是有些时候，父母说出的话却让孩子本就稀缺的勇气消失殆尽，甚至让孩子生出退缩之心。一句话，可能会影响孩子今后的人生走向。或许我们可以做一个对比，看一下不同风格的语言能给孩子带来什么。

"算了，还是我帮你做吧，这样节省时间，效率最高。你就别站在这儿添乱了，做好了，妈妈再叫你。"

"哭什么哭！遇到事儿就知道哭，哭能解决问题吗？行了，别哭了，你还委屈上了。"

"我这么做都是为了你好，怎么就不听劝呢？一天天的就知道玩游戏，不让我省心。"

"你还敢打人？你怎么不上天呢！逃课、打架，你以后干脆去要饭吧！不对，要饭你都要不明白！"

孩子在这样的语言环境中学习和生活，只会变得更脆弱，没有勇气改变现状。相反，如果父母换一种方式去说，结果会大不相同。

"你先独立思考下怎么完成这个手工作业，需要用哪些工具和材料。如果遇到自己无法解决的问题，可以和妈妈一起讨论。"

"没关系，真的没关系，失败了再重新来过就好。妈妈知道你很难过，你现在可以哭，感到委屈就哭出来吧。可是你也要知道，单纯地哭是解决不了问题的，哭过之后，要擦干眼泪去面对。相信我，失败没有你想象中那么可怕，妈妈相信你一定可以迈过去！"

"学习是为了自己，不是为了爸爸和妈妈，将来的路还是要靠你自己走下去。玩游戏是可以放松心情，让你感到快乐，爸爸有时也会控制不住玩一会儿，但长时间玩可能就会影响学习了。现在爸爸邀请你一起去科技馆，你可以放下手机，和我一起去科技馆逛逛吗？"

"不管怎样，打人都是不对的，你可以试着用别的方法去解决问题。现在，妈妈建议你先去道歉。你一直都很勇敢，妈妈相信这一次你可以处理得很好。"

如果父母用上面的语言教导孩子，孩子就会变得更积极、独立、勇敢，有信心面对遇到的困难和挫折。很多时候，孩子需要的是父母的肯定，所以，在他们脆弱或犹豫时，父母应给予理解和引导。

那么，父母对孩子进行引导时需要注意什么呢？主要包括以下几点。

1. 善于用积极的语言引导

在引导孩子之前，父母需要变得积极，用正面的心态去对待孩子的问题。在与孩子沟通时，尽量用积极的语言将事情朝着光明的方向扭转，让孩子有信心、有勇气去面对发生的所有事。

但是积极的语言要用得恰如其分，不能贪多。举个例子：如果父母每天晚上都在固定的时间端一碗心灵鸡汤去敲响孩子的房门，那孩子可能会立即将门反锁，根本不让父母进去；而当孩子感到委屈、无助、心情低落时，如果父母端着一碗热气腾腾的心灵鸡汤走过来，孩子可能就会觉得温馨、幸福。

2. 关注自己的声音，充分发掘声音的疗愈作用

声音是有魔法的。温柔的声音就像和煦的阳光，能滋养孩子的心灵。父母在和孩子说话时切忌焦躁、急切、大吼大叫，因为平稳、低沉、不急不缓的声音才能让孩子听着舒服，从而更容易听进去，记在心里。

3. 父母不仅要输出，还要有输入和反省的环节

父母用语言引导孩子的同时也要进行自我反省，并且多看一些家庭教育和父母语言类的书，多学、多看、多练习，定期反省，总结经验，及时改进不足的地方。

4. 留出时间让孩子表达，倾听孩子内心的声音，形成良性的互动

亲子沟通是双向的，父母的语言只是引导，更多的时候要将话语权交给孩子，听他们表达。倾听时，注意力要集中，眼睛要看着孩子，并且有回应和互动。不能一边工作一边听孩子说话，可以试着放下手中的一切，专心听孩子说话。不要让孩子认为父母在敷衍，并不想听他们说话。

父母的语言对孩子的影响应该像春雨一样"润物细无声"，千万不要集中时间给孩子来一场语言风暴，而是应尝试着将积极的语言应用在生活中，细水长流，方能看到成效。

现在，就让我们一起用积极的语言来让孩子变得更勇敢、自信、坚强吧！

与自己对话

你有没有想过这样一个问题：父母的权利和责任有多大？

我觉得从孩子刚出生开始，父母就拿着隐形的画笔在孩子的人生画纸上涂涂抹抹了，是一片艳阳天，还是乌云密布，受到父母的影响。也正因为责任重大，所以父母一定要用心去画，努力去教导，将积极向上的力量传递给孩子。

鼓励和支持是孩子最强的后盾

在生活和学习中，每个孩子都渴望被父母看见。这里的"看见"包括看见孩子的需求、理解孩子的脆弱、懂得孩子的内心。被看见的孩子更自信、勇敢，会逐渐养成积极的人格，从而拥有一个美好的未来。

想要更好地看见孩子，父母首先要帮孩子找到生活和做事的底气。那么，这些底气从哪里来呢？

有些孩子各方面都表现优异，是众人口中的"别人家的孩子"。这些孩子内心富足，勇于挑战，不仅学习优秀，还在各方面都表现得勇敢和自信，从来没有人际交往的问题，他们就是同学和老师眼中的宠儿。他们面对未知的自信和面对失败的坦然很大程度上源于父母的教育。

一言以蔽之，父母的鼓励和支持是孩子最大的底气和最强的后盾。不管孩子走多远、飞多高，都能无所畏惧，是因为父母的爱和鼓励一直在孩子的心田，给孩子带去源源不断的力量。

　　我认识的一位家长就会通过自己的方式将积极的力量传递给孩子。让我们来看看她是如何做的。

　　周末，她居家办公，处理未完成的工作。待一切处理妥当后，她端着一杯牛奶来到书房，她的儿子在书房里写作业。房门没有关，她站在门口就能看到儿子的身影，此刻他正聚精会神地看一张宣传单，眉头紧锁。敲完门，得到儿子的首肯后，她才走进去。这时，她终于看清了宣传单上的内容，是一个户外写生的比赛，比赛会当场宣布名次，获奖者可以将作品发表在杂志上。

　　看得出来，儿子很想去，但有些犹豫，于是她鼓励道："原来是绘画比赛啊！这是你擅长的领域，而且你真的画得很不错。如果你有兴趣就去试一试！"听了她的话，儿子的眼睛亮了，说："我可以参加吗？"她继续鼓励道："当然，妈妈对你有信心！"

　　在她的鼓励和支持下，孩子去参加了这次活动，并且做了很多准备。但到比赛的那一天却出现了一个小状况：他的画笔被同学不小心撞掉了，颜料沾到画布上，将整个画面布局都打乱了。他及时做出了补救，但还是没能力挽狂澜，没能获奖。看到儿子失落的眼神，她说："其实，妈妈刚才看到你的画被颜料污染后还挺担心的，没想到你处理得比我想象中还要好！你不仅没放弃，还想办法将被破坏的地方修改好。虽然你没获奖，但妈妈也为你感到骄傲！"孩子的失落感减少了，但还是不开心："失败了还挺难过的，我还挺想把作品发表在杂志上。"

她说："失败了不开心，这很正常，不过一次失败可不代表次次失败。你可以利用空闲时间继续画画，努力提高画画水平，我相信，将来你一定会有获奖发表的作品，别急。现在咱们去吃点好吃的，放松下心情吧！"

这位家长的语言始终带着鼓励和支持，让孩子感受到一种力量，这种力量会变成他做事的底气。因此，无论孩子遇到什么难题，家长都要用心对待、积极引导，这样，孩子就会越来越有勇气面对。

同时，我们要给予正面的鼓励和引导，做孩子强有力的后盾，发现错的要及时纠正，引导孩子改正错误，树立正确的价值观。

与自己对话

你曾有过类似的经历吗？当你要做一件事时，本来没什么信心，但是如果这时有一个人站出来跟你说"我支持你，我相信你可以做到，我要跟着你干！"那么你就会立刻毫不犹豫地投入这项工作，并且斗志满满，一直坚持下去。

孩子和我们一样，都需要鼓励和支持。所以我们要用积极的语言给他们打造一个最坚实的后盾，告诉他们："放手去做吧！爸爸和妈妈站在你这一边，永远支持你做正确的事情！"

父母适时的助推能让孩子坚定前行的决心

父母进行家庭教育时理应顺应孩子的天性。比如，当孩子做出错误的行为或养成不好的习惯后，父母应用温柔、和煦的方式引导他们。比如，父母应尽快培养孩子独立思考的能力，让孩子尝试探索改变现状或解决自身问题的方法，并且在恰当的时机，也就是孩子需要时，给予孩子恰到好处的助推。

有时候孩子欠缺的是迈出第一步的勇气，如果父母对孩子脆弱的表现的容忍度太低，想要快速解决孩子当前的问题，那么就等于放大了孩子的缺点，导致孩子产生焦虑和恐慌，以致变得更加脆弱。

所以想要从根本上解决孩子的问题，父母需要先改变观念，接纳孩子存在的问题，理解他们脆弱的心理，在全面了解孩子后再慢慢进行引导。积极的家庭教育会发掘孩子的优点，而不是揪着孩子的缺点和不足。

孩子有时是通过他人的提醒认识到自己的脆弱和缺点的，比如父母的催促："快点儿啊！你写作业怎么这么慢，太磨蹭了，你是不是在偷懒?！"还有老师的干预："这道题做错的同学要反省了，为什么其他同学都会做？"当然，也有跟同学的比较："他和你一起学的口才，人家现在都可以主持节目了，而你却在原地踏步，连说话都结巴。"

类似的语言将重点放在了孩子不足的方面，而忽略了孩子本身就有的优点。比如磨蹭的孩子做题准确率高，做错题的孩子会提前预习功课，结巴的孩子已经敢看着别人的眼睛说话了……如果父母把注意力都放在孩子的缺点上，那孩子就会沉浸在缺点中，认为自己真的如父母说的那样一无是处。想要解决问题，我们不妨从孩子的优点着手，先从提高他们的自信心开始，让他们找到改变的信心和动力。当父母将关注点放在孩子的优点上时，教育就有了温度，孩子也会感觉很舒服："哦，原来我并不是一无是处，我也可以是父母的骄傲。"

教育的温度让孩子不再惧怕改变，也不担心没有按照父母的节奏做事时会被批评，他们可以慢一点儿，在自己可以接受的节奏里慢慢成长。这个时候，父母的助推就会有显著的效果了，最关键的一点是孩子配合了，他们会认为父母和自己站在一起，是并肩作战的"兄弟"。

有一位家长很喜欢向别的家长请教家教的经验和方法，她会从众多经验中提取最适合自己孩子的，然后再用孩子可以接受的语言进行引导。她的孩子在外人眼中特立独行：不喜欢热闹，更爱独处，人际交往上表现得很平淡，几乎没有什么朋友；同时，他的性格有些冷，有一种"两耳不闻窗外事"的感觉，几乎没什么同理心。这位家长知道孩子的这种"古怪"需要调整，但她没有用激烈的语言刺激或讽刺他；相反，她一开始就认定自家的孩子是独一无二的。所以无论孩子出现什么"古怪"的表现她都接受，并且很有耐心地跟他沟通。下面，让我们来看下她的语言魅力：

"我觉得他们说得不严谨。你的确跟别的孩子不一样，但绝不是古怪，而是有特殊潜质。你觉得呢？"

"交朋友本来就是为了让自己开心；如果不开心，为什么要逼自己去合群呢？知心好友不必很多，一个也行，两个更好；就算一辈子都遇不到，那也没关系，至少你是快乐的。"

"虽然你没哭，但妈妈知道你很难过，我感受到了。爷爷走后，你在他经常抽烟的地方站了好久，你一定很想他吧。亲戚们说的话你都听到了吧？别在意，你与爷爷之间的感情与他们没关系，你想怎样表达悲伤都可以，爷爷会感受到的，放心。"

这位家长非常注重在恰当的时机跟孩子谈心，朴实的语言却有着抚平伤痛的魅力，让孩子从自己的缺点和脆弱的方面解放出来。她认为妈妈的语言不需要任何话术，而应该发自真心，站在孩子的角度看待问题。语言沟通的目的是让孩子的心平静下来，心态稳定了，一切问题就容易解决了。

与孩子的心灵相比，他们外在表现出来的不良行为、坏习惯或性格问题都不值一提。因此，解决问题的根源在于对孩子心灵的疗愈，让他们有积极且平稳的心态。

当然，在进行心灵疗愈时，父母需要因材施教，因为每个孩子都是独特的个体，都是独一无二的存在。我们要真的很了解自己的孩子，然后才能再谈教育和方法。

与自己对话

想要用语言打动孩子，最重要的是"真诚"二字。

在与孩子交流时，我们应该以平等的态度完成沟通，要让孩子在语言中读出理解和支持，这会比直接鼓励或说教更有效果。

语言无须雕琢，越朴实无华，越真诚，就越有力量。

父母要认识到正能量教育的重要性

什么是正能量教育呢?

简单来讲,它代表一种积极向上的力量,可以将孩子从脆弱中解放出来,让孩子有勇气去面对生活中的一切。正能量教育是有温度的,是因材施教,是用传道、授业、解惑的方式告诉孩子:凡事都有解决办法,要用积极的心态看待问题。

在家庭教育里,很多父母常用打击式教育,认为孩子不能夸,一夸就上天,若不严格对待,将来就会很难管教。打击式教育的要领是批评、比较、延迟满足。

父母若用严苛的态度对待孩子,不仅不会让孩子感受到爱和温暖,还会让孩子觉得压力很大,会本能地排斥,将自己缩在"套子"里,进行自我保护。而父母过度的打击则会让孩子缺乏信心,变得自卑,没有勇气和决心面对挑战。

我认识的一位家长就崇尚打击式教育,她认为孩子常被夸会骄傲自满，所以她对孩子做的每一件事都点评得"留有余地"，想让孩子有进步空间。她经常使用"如果"来假设，给孩子设置一个目标，还会用"但是"指出孩子的问题。比如："如果这个地方你再用点儿心，就会取得更好的结果。""你这次的钢琴弹得很不错，每一个音都很准，老师对你的表现也很满意。但是在肢体语言上还要加强，要投入感情才能弹得更好。"有一次她过生日，孩子为了给她庆祝生日，特意利用休息时间练习小提琴，想要给她一个惊喜。终于在她生日那天，孩子拉了一首她最喜欢的《梁祝》，还拉了一首《生日快乐歌》收尾。孩子本以为会得到妈妈的赞许，可妈妈却说："你刚刚有几个音弹得不对，还需要练习。"这句话对孩子来说无疑是一盆凉水，瞬间浇灭了孩子心中的热情之火。孩子对妈妈说："我为了这一天练了好几个月，没想到您还是不满意，我到底做什么才能让您满意地笑一笑，夸我一句？"这位家长说话的重点永远不是夸赞或鼓励，而是表达对孩子表现的不满意。在孩子眼中，自己无论做什么都不能让妈妈满意，或许终其一生都在讨好妈妈，做一切事情都是为了得到妈妈的夸奖，但是妈妈永远都不会满意，这就是她的教育方式。

所以父母需要觉醒，需要反省和改变自己的教育方式。家庭教育不是一成不变的，它需要适时调整，以适应每一个独一无二的孩子。

与打击式教育不同，正能量教育中的语言是积极向上的语言，是通过言传身教告诉孩子：他们可以变得更好，他们理应变得更好。父母用正向的语言教育孩子，会让孩子更有自信，无畏前路的风雨。那么，正能量教育中的语言具有哪些特点呢？主要有以下几个。

1. 温柔和煦，不吓孩子

父母说话的声音温柔，不急不缓；不会疾言厉色，用父母的威严和气势吓倒孩子，威逼孩子按照他们的要求做事，而是用亲和、商量的语气告诉孩子。

2. 积极向上，没有否定和打击

单纯地夸赞孩子，没有先扬后抑，不打击孩子的自信。对此，最好不要使用"如果……就好了"或"你这方面很好，但是那方面不行"的语言，而是将原本要打击孩子的语言换成激励的，让孩子听到父母说的话后动力十足。比如："妈妈相信你可以做到，之前那一次你处理得就很不错，这一次全靠你啦！""这件事你做得很棒，正好给了我启发，我最近遇到一个难题，正好可以用你刚才的思路解决……"

3. 乐观，给孩子向上的思维启发

正能量代表乐观，潜移默化中能让孩子像小太阳一样积极向上。父母与孩子相处时，可以通过自己的语言将一种乐观面对问题的态度传递给孩子。比如，房门关上后发现没带钥匙，不抱怨，而

是思考如何解决，并说："没关系，去单位拿备用钥匙就可以，正好可以带你去妈妈的单位看一看。"父母对待问题的态度，孩子会模仿，当孩子失败时，他们也会说："没关系，再试一次没准会有意外的惊喜。"

　　父母正向的语言对孩子来说是天赐的礼物，每一个孩子都无法选择自己出生的家庭，他们带着一张白纸来到父母身边，都想画出美好的图画。他们在努力模仿，通过学习充实自己，努力长大，而父母也需要快点儿觉醒，懂得正能量教育的重要性，让孩子在父母的教育和引导下越来越好，拥有一个璀璨的未来。

与自己对话

　　对孩子说话语气重了时，你会自责吗？

　　或许我们都有后悔的时候，比如某句话说错了，或者在情绪不稳定时用严厉的语言打击孩子，这些都让我们后悔。其实，后悔就是觉醒的第一步。我们知道自己的语言存在问题，知道自己的教育方式可能不适合孩子的发展，但是不要只停留在后悔这一层面，而要深挖，要反省和改变，要多用积极向上和乐观的语言改善亲子关系。别自责，也别灰心，作为父母，我们也在成长，在对孩子的家庭教育方面，我们都应该不断学习、改进和提升。

第二章

父母要找到孩子脆弱的原因

内向的孩子内耗更多

父母如果想用语言来帮助和引导脆弱的孩子，就需要找到孩子脆弱的原因。要知道，每一个孩子都是值得雕琢的璞玉，父母则是雕刻师，找到切入点，将孩子最大的潜能发掘出来，是需要耐心、恒心及决心的。这个过程很漫长，也会困难重重，父母需要做好心理准备。

如何找到孩子脆弱的原因呢？它没有捷径，都藏在父母对孩子的了解上。可以说，我们要足够了解自己的孩子才能谈家庭教育，才知道用什么样的语言与他们沟通。

很多家长喜欢外向的孩子，认为他们活泼开朗，走到哪儿都受人欢迎。而跟外向的孩子相反，内向的孩子大多敏感，不爱说话，不善于表达，常常隐没在人群中，是外向孩子的配角。很多父母不管自己是什么性格，都希望自己的孩子是外向的，对内向、敏感的孩子会提出很多要求。他们或许表达得很隐晦，但会下意识地给孩子植入一个想法：内向很不好，需要抓紧改变。

在绝大多数情况下，父母都是通过语言来给孩子植入他们认为好的或适合未来发展的想法，比如："活泼开朗点儿多好啊！你姐姐就很外向，你跟她学学，多跟人说话。"内向敏感的孩子听到类似的话会有三种想法：第一，妈妈喜欢活泼开朗的孩子，这样的孩子未来发展得更好；第二，妈妈比较喜欢姐姐，认为姐姐比自己好；第三，妈妈不喜欢自己，对自己不和别人说话的行为感到厌烦。在发现内向的孩子如此敏感后，有些父母还会继续用语言伤害他们，比如："瞧你，怎么这么敏感呢？妈妈不是这个意思，你别多想了。"毋庸置疑，此话一出，敏感的孩子必定受伤，变得更加心事重重，没有安全感，甚至走向自卑。

其实，内向的孩子对外界的语言，尤其是父母的语言，有更加敏锐的接收系统，就像一个小型的声音信号处理器，将听到的声音进行深度处理。他们有一颗看似柔软、脆弱的心，对外界发生的事情"小肚鸡肠"，但这只是表象，很多评价都是外界给他们贴上的标签，如"玻璃心""敏感""小心思多"等。这样的孩子最需要的不是纠正或强行改变，而是理解和包容，守护他们的敏感，发掘敏感包裹下的深层次的勇气。

敏感的孩子更执着，用一种通俗的说法就是倔，父母很难改变他们内心的想法，除非他们愿意，并且配合，否则谁也别想说服他们。所以对于内向、敏感的孩子，父母的语言就应该饱含理解，要懂得他们的敏感。敏感不是缺陷，而是有待发掘的宝藏。

内向、敏感的孩子精神内耗过多，从他们深度分析所听到的语言上就能发现，他们将绝大多数时间浪费在思虑上，想太多，担心太多。父母在理解孩子的同时也需要用高效的语言引导，将与孩子沟通的话术做一些改变。

不要再用类似的语言："你不要想太多，想那么多没用。"

可以说："我们不想了，一起去验证一下你想的会不会发生吧！别担心，爸爸妈妈和你一起。"这样的语言会让孩子有安全感，从想到做，实际操作的部分多了，胡思乱想的机会就少了。

虽说内向、敏感的孩子没有我们想象中那样脆弱，但我们在面对他们时还是应该注意自己的语言，要在日常相处中给他们传递一种想法：内向、敏感的孩子也很好，也可以拥有发光的人生。

与自己对话

如果你的孩子内向、敏感，在外面不敢主动和亲戚打招呼，一被说就眼眶红，你会觉得孩子给你丢脸吗？

我想，孩子在那一刻一定很需要父母的包容和关爱，那一刻的手足无措或许会成为影响其一生的阴影。想要做合格的父母，就要不断地学习。希望每一个内向、敏感的孩子都被温柔以待，希望他们都能发挥出自己的优势，有一个美好的未来。

守护孩子的"真我"

孩子在什么情况下会丧失"真我"，陷入"假我"的困境中呢？

英国的儿童心理学家、精神分析学家唐纳德·温尼科特认为，"真我"是指一个人真实、内在的自我，包括他的感情、欲望、想法和体验。这是一个最原始、最真实的自我，包括个体最真实的需求和感受。"假我"是在社会互动中，为了应对外界压力、符合社会期待而塑造出来的一个角色或面具。"假我"通常会隐藏"真我"，表现出适应环境的行为和反应。

我们还以内向、敏感的孩子为例。当父母对孩子的内向和敏感表现出不满意时，如果孩子继续保持这种状态，依旧内向，不主动和亲戚打招呼，或者不喜欢社交，对外界的声音或评价很敏感，那么这就是"真我"的表现。但如果这个内向的孩子在听到父母的批评后，为了让父母满意，或者讨好父母，决定强行转变，从内向变成外向，甚至忍着内心的不适主动和别人交际，虽然内心很难过，也因为敏感而受伤，但他从来不表现出来，总是给周围人呈现出积极乐观的状态。这样，他就塑造出来了一个外向的"假我"。外向的"假我"在不断压抑和隐藏内向的"真我"。

当外向的"假我"出现后，最和谐的结果就是内向的"真我"不觉得"假我"很压抑，"假我"也不隐藏"真我"，两者之间达到平衡。但内向的孩子是很难转化成外向的，这个外向的"假我"会不断侵蚀内向的"真我"，让孩子的内心更压抑、悲观、焦虑，出现心理问题。所以当孩子出现"假我"时，比如一个内向的孩子忽然健谈，积极地社交，我们就要及时与孩子沟通，关心和看见他们被隐藏的"真我"。提醒他们尽管要适应周围的环境，也需要关注自己的内心，不能忽视最真实的感受和需求。可以试着用以下类似的语言让孩子平衡"假我"和"真我"。

"妈妈希望你笑是因为真的开心，而不是因为妈妈想看到你开心。"

"如果你不想说话或不想做一件事，都是可以的，要顺应自己的内心，不要忽略自己的感受。比起获奖，妈妈更希望你快乐，有什么委屈或不舒服时不要憋着，妈妈一直在你身边。"

"不主动跟不熟悉的人打招呼也是可以的，别太在乎别人的评价，内向的你也非常有优势。"

"无论你是外向的还是内向的，妈妈都喜欢你。你真实的样子是什么，妈妈就喜欢什么样子的。"

上述父母的语言具有以下特点。

（1）真实，发自真心，让孩子知道父母心中的感受。

（2）无条件地爱孩子，接纳孩子的一切，包括缺点和不足。

（3）告诉孩子注重内心的感受和需求，不要忽视内心的声音。

（4）告诉孩子不用讨好父母，孩子和父母是平等的。

在守护孩子的"真我"方面，父母要真的很用心才行。在一定意义上，父母在对孩子的世界观和人生观的塑造方面起着不可或缺的作用，孩子长大后为人处事的风格会受父母的影响。要让孩子懂得，无论在何时，无论处于何种境地，都要努力守护自己的"真我"，关注内心的真正需求。只有内心快乐，才是真的快乐。

与自己对话

　　其实，我们成为父母的时间与孩子成长的时间是一致的，在一定程度上，我们也是"孩子"，需要在父母的岗位上不断提高自己的能力。在这个过程中，我们也有可能塑造出一个"假我"，以适应不断变化的环境。这时，请不要忘了我们的"真我"，也满足一下自己内心的需求，呵护依旧住在自己心里的"孩子"。

帮孩子化解压力

也许有些父母会对孩子的压力感到困惑，认为"少年不识愁滋味"：小孩子哪里来的那么多压力呢？

这里我要强调一个观点：当父母基于自己的成长经验和思维模式考虑孩子的问题时，结果大概率是与孩子本身存在偏差的。想要理解孩子，考虑问题就要以人为本，将目光落在孩子身上，尽量设身处地地为孩子着想，试着以孩子的思维和心态考虑他们面对的问题。

回归到孩子的压力这个问题，如果站在孩子的角度，他们面临的压力来源于何处呢？

有一个看似很有趣实际却引人深思的例子。有人说，比起成年人职场的"996"，孩子的学习往往有过之而无不及。我们或许会忽略孩子肩上的重担，固执己见地认为："学习嘛，有什么苦的？哪儿来的压力？就是学呗！"一旦父母有类似的想法，就让家庭教育失去了温度。有温度的做法是换位思考：假如自己全年无休地工作，是否会感觉压力很大？是否会变得脆弱、心态崩溃？对于孩子来说，学习和任何工作一样，可以画等号。父母需要做的不是指责孩子不努力，也不是给他们施加外在的压力，而是用高效的方法让孩子对学习感兴趣，劳逸结合，同时培养孩子学习的自驱力。有了自驱力，孩子无论做什么都会有劲头。

孩子的压力主要来自以下三个方面。

第一，学习本身的压力。课本知识、巩固所学需要做的练习题、课外延伸的知识以及兴趣班都会给孩子带来压力。

第二，父母与学校给孩子的压力。父母与学校都想看到孩子的学习成果，这会给孩子一定的压力。

第三，孩子自身的压力。一些孩子对自己的要求过高，如果没有很好地完成制订的计划，就会感到焦虑不安，不排除有一些完美主义的孩子，对自己要求严苛，达不到完美的标准就会难过。

压力是一把双刃剑，我们要从辩证的角度去看待它。一方面，压力可以给孩子带来动力，时刻提醒他们需要努力，要坚持到底。当然，这里提到的压力是指适度的压力。否则，压力这把双刃剑就会伤到孩子，让孩子痛苦、焦虑、恐惧和不安。被过度压力困扰的孩子会变得脆弱，这种脆弱表现在各个方面，比如：接受不了失败，面对挫折会选择退缩，对考试感到恐惧，害怕自己考不好，等等。

当孩子因为压力过大而变得脆弱时，父母就得想办法舒缓，用合适的语言引导孩子合理地化解压力。比如：

"妈妈知道你压力很大，也很理解你。别害怕，出现压力很正常，爸爸和妈妈跟你一起化解。"（告诉孩子他们不是孤军奋战，父母永远是他们的依靠。）

"当你觉得难受或疲惫时，别犹豫，立刻停下来休息一会儿，给自己一些时间。"（让孩子关心自己的身心健康，学习是循序渐进的，别着急。）

"别担心，也别太在意结果，享受努力的过程，你已经做得很好了。"（肯定孩子的付出，让孩子有信心。）

"如果你自己解决不了，记住，爸爸和妈妈站在你身后呢，寻求帮助不丢脸，反而很勇敢。"（让孩子真正理解勇敢，坦然面对和接纳自己的一切。）

"爸爸和妈妈带你去散散心吧！我们可以去吃好吃的或去公园看看风景。"（用实际行动带孩子缓解压力，使孩子变得快乐。）

如果父母的语言恰当，那它在一定程度上就会成为缓解孩子压力的良药，它不苦口，反而带着充满爱意的甜。

与自己对话

你是否也因为感觉到压力很大而想过放弃？没关系，这是心理防御机制在发挥作用，它在提醒你休息的时间到了。要记住，我们不仅仅是孩子的父母，同时也是我们自己。关爱自己，就从缓解压力开始吧！

完美主义的错误引导

你的孩子出现过以下情况吗？

做事追求完美，没把握成功的事情一律不去做。

如果事情没有按照计划进行，或者中间出现了问题，心情就会受到影响，大概率会放弃，不再继续做。

在意成败得失：成功了会非常开心，失败了则会一蹶不振、很难过。

对自己的衣着要求过高，衣服上有一点儿污渍都难以忍受，直到换一套干净的衣服，心情才会变好。

有非黑即白的思维，认为如果考不好就是失败的，对自己要求严苛。

如果孩子有过类似的想法或行为，家长就要注意了，他们掉入了完美主义的旋涡。完美主义者最大的特点是在意他人对自己的评价和看法，渴望获得他人的接纳和认可，而不是从完善自身入手，积极地改变自己。如果孩子有完美主义思想，家长就要适时干预。

有完美主义思想的孩子会有这样的表现：他们喜欢按照既定计划和目标行动，进入新环境会感到不安。如果结果没有达到期望值，他们的心情就会非常差，严重一些的会出现心理问题。他们对自己和他人要求严苛，渴望成为完美的人，同时也要求身边的人同样达到完美的标准。

对任何事都要求完美的孩子更容易受伤，经受打击后难以复原，往往会表现得脆弱，有拖延和逃避的行为。面对有完美主义思想的孩子，父母在与他们交流时则更需要关心他们的心，从根源处引导他们走出完美设置的陷阱。

有一种高效引导孩子走出完美主义旋涡的方法，叫行为实验法，是英国心理学家罗兹·沙夫曼在《克服完美主义》一书中提出的。行为实验法的关键是通过认知行为疗法让人走出完美主义的困境，用实验的方法告诉人们：就算不完美，可怕的事情也不会发生。下面我们用一个实例来演示一下行为实验法的操作步骤，看看这位家长是怎么帮助孩子走出完美主义旋涡的。

这个孩子对自己要求非常严格，只做有把握的事情，一旦事情脱离掌控，他会直接放弃。这一次，他要放弃已经报名的演讲比赛。孩子的爸爸知道了，于是使用行为实验法来引导孩子。

第一步，引导孩子说出完美主义的想法。

爸爸："能跟我说一下你的想法吗？"

孩子："只有第一才是成功，不是第一就代表失败。"

第二步，预测失败的结果。

爸爸："如果没有得第一，会发生什么事？"

孩子："失败了，同学们会嘲笑我，我会觉得很没面子，我绝对不允许发生这样的事情。"

第三步，做一个相关的实验。

爸爸："我们来做一个实验吧，观察一下是否会有同学笑话失败的人。"

孩子："同学们好像都很忙。刚才有一个同学口吃，同学们都没反应。"

第四步，记录实验结果。

爸爸："失败了也不会被嘲笑，你已经看到了。如果换成是你，也是一样的。"

孩子："我担心的事情没有发生。"

第五步，和孩子一起反思。

爸爸："失败了没有什么大不了，要敢于尝试，发挥出自己真实的水平就好。"

孩子："我给自己制定的目标可能太大了，其实不得第一看起来也不错。"

第六步，改变完美主义思想。

爸爸："不完美也可以很棒，其实不必事事追求完美，不完美恰恰就是最完美的。"

孩子："爸爸，我要试着改变。"

当孩子出现完美主义思想时，父母不要怕，而要用高效的方法引导，及时干预，教孩子慢慢改掉完美主义思想。同时，父母在教育孩子时也不要有完美主义倾向，要善于发现孩子身上的优点。

与自己对话

成为父母后，你想过要当一个完美的爸爸或妈妈吗？

或许，我们每一个人都渴望拥有完美的人生，想要在孩子面前无所不能，甚至做任何事都力求完美。但是在教养孩子的过程中，我们会遇到各种难题，经历艰难和坎坷。这时，别自责，也别再用完美主义困住自己。要知道，不完美才是生活的常态，我们要欣赏从裂痕中射进来的光。

避免过度保护孩子

如果父母过度保护孩子，不给孩子动手和实操的机会，那孩子在面对问题时就容易产生逃避和退缩的心理，各方面都表现得很脆弱，没有主见，不敢做决定，一切都要父母帮忙。所以，要想让孩子快速成长，父母就要给孩子创造做事的机会，让他们勤思、多做、常反省。

南宋诗人范成大在他的诗《四时田园杂兴》中描绘了孩童劳作的场景，诗中云："昼出耘田夜绩麻，村庄儿女各当家。童孙未解供耕织，也傍桑阴学种瓜。"诗句中的孩童虽然不懂耕田和织布的技术，但也学着大人的模样在桑树荫下种瓜。这里不仅说明孩子有主动学习的思维，还表明父母没有阻止孩子模仿大人劳作的行为，在孩子小小年纪时就让他们学种瓜，给孩子主动成长和学习的机会。

当孩子脆弱时，父母可以首先反省一下自己的教育方法，想想是不是自己的过度保护让孩子变得脆弱。比如，孩子做事拖延，从不主动写作业，那他们的背后是不是有勤快的父母，不断地催促孩子完成作业，口头禅就是"别磨蹭了""快点儿吧"？父母催一句，孩子做一点儿，有时还会担心孩子做不完，主动帮他们完成。再举一个例子，孩子面对失败会不知所措，永远在等别人帮忙，从不思考如何解决。那他们的背后是不是有亲力亲为的父母？父母将一切难题都替孩子解决了，他们常对孩子说："这个简单，我帮你。"

教育孩子有时需要父母"懒"一些。父母"懒"一些，孩子则会勤一点儿。当然，"懒"也要"懒"得有技巧。

有一位母亲，她在教育孩子时，就很懂得守拙，深谙"懒"之道。比如，当孩子读课文遇到不认识的字时，她会对孩子说："这个字妈妈也不认识，咱们一起查字典吧！"而不是直接告诉孩子答案。当孩子做手工作业不知道从哪儿入手时，她会对孩子说："初秋有什么？大自然有什么变化？你可以试着从这个角度出发。"而不是为了节省时间，直接帮孩子做手工作业。孩子第一次学英语时，她也拿着一本英语书学习，遇到不会的单词就问孩子："你能给我讲一下这个单词怎么读吗？妈妈小时候学的是俄语，现在也想学一下英语，你能帮我吗？"这极大地鼓励了孩子，并且让孩子的责任心越来越强，孩子每天晚上写完作业后都会给她讲学到的英语知识。这样，孩子的英语成绩也非常好。

由此观之，父母越"懒"，越守拙，孩子成长得越快，也越好。

父母的"懒"可以激发孩子的潜能，提高孩子独立思考和解决问题的能力。父母少做一些，让孩子多做一点儿，不过度保护，只在恰当的时候助推，相信点滴积累就会有质的飞跃。这样培养出来的孩子会更勇敢，遇到问题也不会脆弱，会有勇气面对生活和学习中的一切。

与自己对话

如果可以，相信父母都想为孩子提供全方位的保护，让他们不受任何伤害。可是，父母过度保护孩子会让孩子失去前进的勇气。就像雄鹰，只有一次次将小鹰从高处推下去，小鹰才能学会飞翔。

孩子需要长大，父母可以保护他们，但在保护的同时还要教会他们如何独立，让他们长出可以飞向未来的翅膀，一飞冲天。

父母不应忽视孩子的精神世界

在现实生活中，绝大多数父母都奔波在工作的最前线，投入工作的时间长了，陪伴孩子的时间自然就会少。很多父母注重对孩子的物质投入，却忽视了孩子的精神世界。缺少父母陪伴的孩子，他们的内心会逐渐空虚、不够强大。孩子的成长需要陪伴，而且是优质的陪伴。

有一个值得我们深思的问题，或许我们大家都遇到过：孩子在学校欺负人或被人欺负了，你是直接给老师打电话，还是和孩子进行一场深度沟通？

这件事涉及两个孩子，不同的处理方法会给孩子带来不一样的结果。

一个孩子在学校欺负同学了，他的爸爸得知后，直接给老师打电话道歉，并且承诺会承担被打方的损失，还会让奶奶带孩子去学校道歉。挂断电话后，他直接对着孩子怒吼道："我在外面没日没夜地忙，全是为了你。你可倒好，学习啥也不是，打架第一名。你给我上墙根儿站着反省去！"这时妈妈也来"补刀"："你太让我们失望了，爸爸妈妈这么辛苦都是为了你，你也应该用用功，别给我们惹事啊！"然后一声长叹，将孩子心中最后的温暖吹散了。

被欺负孩子的爸爸则从孩子的角度出发，和孩子促膝长谈，引导孩子说出被欺负的原委。在得知孩子被欺负是因为说了伤人的话后，他鼓励道："这件事你也有不对的地方，你得想办法挽救啊！"妈妈也说："你现在是小男子汉了，要对自己做的事情负责。妈妈相信你可以做得很好，对吧？"父母的一席话给了孩子很大的勇气和力量。

事实证明，抽出时间与孩子沟通是必不可少的。在陪伴孩子这件事上，忙永远不是父母缺失陪伴却心安理得的借口。父母需要花更多时间去关注孩子的精神世界。

父母的语言可以如温润的春风滋养孩子的坚强之心，让孩子更自信、果敢、乐观向上；也可以像凛冽的寒风吹灭孩子的勇敢之火，让孩子变得脆弱，不敢面对困难。不同的语言会给孩子带来截然相反的结果，所以语言的力量是非常强大的。

父母不要将"我很忙""我忙得很"之类既敷衍又无用的语言挂在嘴边。如果很忙，那么就给孩子短时间的优质陪伴，哪怕只有五分钟、十分钟，孩子也会欣喜若狂。再忙，在教育孩子的问题上也要用心，找机会和孩子进行深度沟通，让孩子知道父母是关心他们的。

与自己对话

　　成为父母后，我们仿佛一瞬间就长大了，几乎没有属于自己的时间。虽然累，有很多艰难的时刻，但我们从未后悔孕育躺在身侧的小生命。当看到孩子脸上露出的笑容时，我们再累也甘之如饴。

　　我们陪伴孩子长大，孩子也见证着我们的成长，生命和爱就在相互陪伴中不断延续、升温，循环往复。

　　希望我们的孩子都可以快乐、健康地成长。

第三章

父母这样说，孩子独立又自信

"是时候让你来完成一些事了"

养育孩子就是一个逐渐放手的过程。父母对孩子的爱和关怀最后都会化作孩子自由飞翔的翅膀，让他们有勇气和能力展翅高飞。过多的保护或一直替孩子做事，只会让他们的翅膀退化，再也无法高飞。

其实，从孩子出生的那一刻起，父母就在为放手做准备了。

父母在生活的点滴中教会孩子翻身、走路、吃饭、穿衣等生活技能，又在日常交往中告诉孩子要努力学习，提升专注力、思考能力、情绪管理能力和耐挫力。孩子在一日日地长大，一点点地进步。孩子学习的东西越多，会做的事情越多，父母放开他们的手时就会越从容。

有些时候，不是孩子离不开父母，而是父母离不开孩子。

当孩子遇到难题或解决不了的事情时，父母都会出于本能地站出来帮助他们，心里想着：我多干一些，孩子就轻松一些。这是出于慈父慈母心态，不舍得让孩子吃苦、受累。

慈爱本身没有问题，但父母之爱子也要严慈相济，掌握分寸。父母在陪伴孩子成长时可以试着放手，让孩子有机会锻炼自己，学会处理自己的事情。

杰瑞最近带儿子去参加了亲子夏令营活动，这次活动给杰瑞的触动很大。

他发现有几个孩子非常自立，会主动跟爸爸进行亲子互动和交流，说出自己的看法，做亲子活动时也主导游戏走向，几乎是带动爸爸完成游戏的，最后还和周围的孩子进行互动和交流，交换彼此的经验。而自己的儿子全程都在"划水"，每次面对问题，都是他说一句，儿子做一步，完全没有自己的想法，永远等着他来指挥。

面对儿子的脆弱表现，杰瑞没有指责或说教，他率先反省了自己的行为，察觉到自己对孩子管得太多，没有给孩子主动做事和思考的机会。他过去常跟儿子说："站那儿别动，爸爸帮你做。""这件事不难办，你可以试试这样做。""和同学闹矛盾了可不行，爸爸带你去跟他说明白。"儿子在家想要帮忙做家务时，妈妈也会立即阻止："你怎么会干这些？快放下吧，妈妈来做，你只管学习就好。"久而久之，孩子就养成了不思考、不做事的习惯。

杰瑞意识到孩子难自立是家长导致的，想要改变这种状况，家长首先要转变思维，将孩子看成一个独立的人，放手并鼓励孩子做事。

从夏令营回来后，杰瑞夫妻俩对孩子说的话变了。当儿子想学蛋炒饭时，妈妈不再阻止，而是说："学习做饭是好事啊！你首先要懂得厨房安全常识，你知道有哪些注意事项吗？"鼓励儿子思考和主动查询资料。当儿子遇到不会做的题时，杰瑞会说："想一想上一次遇到不会做的题是怎么解决的，你可以模仿一下。"

后来，杰瑞发现儿子变得越来越独立了。

事实证明，如果父母肯改变固有思维，开始意识到锻炼孩子的重要性，那么孩子就能快速地成长起来。当然，慢一些也没关系，每一个孩子都会在自己的"时区"里成长。

与自己对话

有时，我也有过一些不切合实际的想法，梦想有朝一日可以长出无坚不摧的羽翼，免去孩子可能会吃的苦、受的伤，尽自己最大可能守护他们。可是孩子总要长大，终有一日，他们会长出有力的翅膀，飞向更广阔的天空。孩子不该被困在父母的羽翼下，父母也应该打破局限，给孩子创造更多的学习机会。

"你可以试着依靠自己的力量解决问题"

　　父母在对孩子进行家庭教育时的大忌就是定位模糊，主导孩子的一切，做了孩子本应该做的事。培养孩子的独立不是一朝一夕可以完成的，需要日积月累的引导和实践。

　　当父母开始意识到自己的教育出现了问题，并且经深度思考和自我反省，想让孩子学着独立做事时，孩子大概率会不习惯。因为孩子很可能已经习惯于"被掌控"和"被帮助"。一方面是因为懒，另一方面是因为改变真的很难。父母的做法会触发孩子内心的防御机制：做麻烦或困难的事会感觉很不舒服。如果孩子抵触独立做事，父母应该怎么解决呢？可以从以下几点着手进行。

1. 多一些理解和包容，切忌拔苗助长

　　孩子的独立需要长时间培养，父母对待孩子要有足够的耐心。独立意味着自立，要多做事，依靠自己的力量来解决难题。

对于一个习惯于享受成果的孩子来说，让他立刻变得独立是很痛苦的。面对孩子的排斥心理或行为，父母可以这样说："从前是妈妈做得不好，很多事情你本可以做得很好，我和爸爸却没给你机会尝试，现在你抵触也是正常的。"（勇于承认自己在教育上的错误，积极改正。）"改变是很痛苦，但是当你独立完成一件事时会很有成就感，要不要试一试？"（站在孩子的角度考虑问题，鼓励孩子尝试。）

2. 让孩子尝到独立做事的甜头，让他获得满足感和成就感

父母可以鼓励孩子独立做力所能及的小事，从点滴积累中获得自信心和做事的经验。比如："我们一起收拾屋子，你负责收拾书桌，妈妈负责收拾厨房，爸爸收拾客厅，一起进行！""饭后跟妈妈一起刷碗，之后我们还有时间出去散步。"

3. 坚持用温柔又有力量的语言引导孩子独立做事

父母可以用语言给孩子传递一种正能量，让他们感受到语言中蕴藏的关心和支持，相信自己有独立做事的潜能。"你可以试试自己解决，妈妈觉得你可以做到！""你很强，这件事你完全可以处理好。立刻行动起来吧，爸爸等着和你打球。"

孩子独立做事的勇气是靠父母正向的语言激励出来的，我们在和孩子相处时要注意自己的语气和用词，让他们有独立做事的决心。当他们做错事或者做得不好时，也要维护他们的自尊心，别用

打击或批评的语言，试着耐心沟通，引导他们说出困惑，总结失败的原因，然后重整旗鼓，继续努力做事。

独立的孩子，他们脚下的路会更宽；即使没有路，他们也会想办法开辟出一条路来。父母鼓励性的语言是孩子前行的后盾，即使前路艰险，他们也不会退缩和逃避。

与自己对话

　　培养孩子的独立性要从娃娃抓起，在孩子小的时候，我们就要有意识地锻炼他们，告诉他们自己的事情自己做，同时也可以帮助身边有需要的人。这样，不仅能锻炼他们的自立能力，还能培养他们乐于助人的优良品质。

"妈妈相信你可以做好"

"信任"在词典上的解释是"相信而敢于托付"。信任本身带有一股浓浓的力量，这种力量会让被信任的人变得自信，同时他们会感到快乐，其责任心和幸福感也会剧增。

当父母信任孩子，告诉他们"爸爸和妈妈相信你可以做好"时，孩子会受到很大的鼓舞，自内而外透出强大的驱动力。没有一个孩子不喜欢被信任，也不会有孩子排斥父母的信任。

心理学上有个"坚信定律"，即当你对某件事抱有百分之百的信任时，它最后就会变成事实。这里的"坚信"是一种信念，带着沉甸甸的期许，相信的力量会带着人们走向成功。

父母信任孩子，相信孩子可以独立做事，孩子便会完成得很好。这里的"相信"带有双层意思，可以作用在父母和孩子双方。第一是父母相信自己，认为自己可以帮助和引导孩子从脆弱变得独立和自信。尽管在教育孩子独立时会遇到重重困难，但他们心中有信念，对自己有信心。第二是相信孩子可以做到，对孩子有信心，所以愿意真心托付，坚信他们不会辜负父母的信任。

信任带给父母和子女的力量是无穷的，亲子关系也会在信任中升温。

我们在与孩子交流时，应该尽可能用语言表达对孩子的信任，在鼓舞孩子的同时，自己也会获得快乐。

许慧在教育孩子方面有独到的见解。她认为与孩子交流应该多用肯定句，少用疑问句，因为肯定句比疑问句更有力量，肯定表示相信，而疑问代表质疑。比如，有一次，她的儿子在做手工作业时，不小心剪坏了一张纸，而发出惊呼声，她对孩子说："不需要我帮忙吧！"儿子摇了摇头，说："妈妈，我自己可以。"过了一会儿，儿子在那儿长吁短叹，好像遇到了难题，手里拿着一根小木棍，不知道从哪儿下手，这时她说："你一个人可以解决吧！"儿子点点头，回答道："我可以解决，我只是在思考下一步怎么做才能让手工船更稳一些。"在她的信任教育下，儿子的动手能力越来越强，面对没做过的事情也不会退缩，会直接面对，因为他对自己有信心，认为自己可以做得很好，就像妈妈说的那样。

我们不妨对比一下这两句："不需要我帮忙吧！"和"不需要我帮忙吗？"

"吧"和"吗"的区别很大，前者直接带给孩子信任和力量，后者带给孩子否定和质疑。我们在与孩子进行日常交流时，可以注意语气助词的运用，多用肯定的语气助词，让孩子从中感受到鼓励和信任。但是也要注意适度。任何语言都要讲究一个度，要控制在刚刚好的范围内，鼓励和相信要恰如其分。如果一切都来得太过容易，那孩子的驱动力也会大打折扣。

英国教育学家斯宾塞曾说过："如果孩子感到被爱、被信任，奇迹不久后就会出现在你眼前。"

父母相信孩子可以做到，对孩子来说就是最好的礼物。我们要相信，每一个孩子都存在潜在的能量，要用爱和信任激发出他们的潜能，让他们的路越走越宽，有更丰盈的未来。

与自己对话

对于教育孩子，有时我们也会自我怀疑："我可以教育好自己的孩子吗？"

其实，无论是孩子还是父母，都需要不断地学习，在一次次试错中成长。所以别怕，我们也要给自己一些激励，要相信自己可以做到。

"别怕，迈出第一步就好了，别逃避"

很多脆弱的孩子在面对挑战、难题或挫折时会表现得担心、害怕，不敢迈上前一步，在行为上表现为逃避，想要通过一时的逃避来缓解内心的紧张和恐惧。越是脆弱、逃避，自信心就越会丧失，最后变得事事逃避，内心脆弱，甚至发展成自卑。

他们或许会有一些脆弱的行为，比如：比赛开始前退缩；演讲到一半出现失误，懊悔到哭鼻子；拖延、磨蹭，上课不认真听讲，打扰到身边的同学，想改变却没办法，只好一次次逃避改变……深挖这些行为，发现背后大多有着脆弱、缺乏自信的心。要想改变孩子的这些脆弱行为，父母的鼓励必不可少。

美国心理学家鲁道夫·德雷克斯认为：一个行为不当的孩子，是一个丧失信心的孩子。当孩子感受到鼓励时，不当行为就会消失。

对孩子来说，当他们感到脆弱、想要逃避时，鼓励的语言无疑是高效的助推器，帮助他们重新找回自信，变得有勇气面对和改变脆弱的现状，试着朝前迈出一步。因此，父母鼓励的语言就变得格外重要。鲁道夫曾经提出了三种鼓励型的话语，即描述型鼓励、感谢型鼓励和相信型鼓励。

1. 描述型鼓励

此类语言的重点在于描述孩子值得肯定的地方，让他们通过实际事例了解自己其实做得很好。这种鼓励有理有据，更能触动孩子的心。

比如，我们在鼓励孩子时不能只说："你真棒！你太棒了！你做得很好！"而是应将孩子棒的地方、做得好的方面详细地表述出来，让孩子感觉到自己的行为和表现被父母看见、注意到。可以试着这样说："我发现你在使用胶棒贴树叶时特别有耐心，将每一片树叶都粘在手抄报上了。而且我注意到你的构图很厉害，有自己的思考，真的很棒啊！妈妈为你感到骄傲。"这里用了"我发现"和"我注意到"，让孩子听了就知道父母一直在关心他们，会提升他们的归属感和幸福感。

2. 感谢型鼓励

感谢型鼓励，即通过感谢孩子做的事来让孩子知道自己的行为被父母认可，让他们看到自己的价值。

当孩子帮父母做了一件事，哪怕是一件小事时，父母也不要吝啬感谢的话，比如可以这样说："谢谢你帮妈妈收拾了沙发上的杂物。你把它们都收进盒子里了，很不错，帮妈妈完成了一小部分家务，这样妈妈就有时间做其他事了。"不要仅仅说一句："谢谢宝宝，你真棒。"感谢也要刻画细节，让孩子感受到父母真诚的谢意。

3. 相信型鼓励

相信型的鼓励话语不能随意使用，是要讲究场合的。比如，一件事情的难度超出孩子的接受范围，他们明显地抗拒、哭泣，这时父母的相信会起反作用，孩子不仅不会增强自信，反而会更担心，害怕让父母失望，从而平添心理负担。所以，父母的相信要坚持"略前性原则"。

什么是"略前性原则"呢？这是心理学范畴的术语，简单来讲就是鼓励孩子去尝试做略微低于他们能力水平的事，与篮球筐高度设置的原理相似，让孩子跳一跳就能够得着。

举个例子，公园里举办了一个小型的居民羽毛球比赛，所有居住在附近的人均可报名。看得出来，孩子很想参加，但还是有些犹豫，他第一次在这么多人面前打球，有些紧张。身旁的父母就可以用相信型鼓励的语言："你一直都在练羽毛球，最近连爸爸都打赢了，这证明你的水平有很大的提升。我觉得你可以试试，妈妈相信你可以打得很不错，我就在这边看着你，去吧！"

很多时候，孩子缺少的是迈出第一步的勇气，父母恰到好处的高效鼓励是孩子前行的加油站，把他们停滞不前的心点燃，燃起他们前进的勇气。

所以，父母要多用一些高效的鼓励性话语，让鼓励落在孩子的心坎上。

与自己对话

你曾有过逃避的想法吗？

或许在某个艰难的时刻，你也想过逃避吧。这是很正常的心理反应。其实，我们都知道逃避只是一时的，它解决不了实际的问题，正确的做法是战胜内心的脆弱，积极面对。希望你我共勉吧，也给自己一些鼓励，一起努力打败脆弱，不再逃避，用正面的心态面对生活中的一切。

"承认自己不行也很勇敢"

"我不行"在人们固定的认知里等同于能力不足，是退缩的体现，与"我做不到"一样，是妥协和逃避，不应该推崇，需得将这种类似的思维从大脑中剔除。其实，这是一种认知误区。

父母在教育孩子时也容易陷入类似的认知误区，认为只有勇往直前才是成功式教育，不允许孩子生出退缩的想法。

"一定行"的教育，即要求孩子无论何时都要积极面对，一刻都不能放松，这无疑是给孩子戴上了无形的枷锁。不可否认，让孩子一直积极向上，用正面的思维解决问题，这是一种理想状态。但是在现实生活中，孩子可能会遇到各种各样的难题，能够正面解决最好，如果解决不了也属常态，父母在教育孩子时要允许他们说"我不行"。

承认自己不行在一定意义上更具有力量，这种力量代表的是接纳，接纳自己的所有，包括自己不足的一面。

徐鹤在育儿方面很有自己的心得，他认为孩子"做不到"很正常，不要用"应该怎样"给孩子施加压力，可以换成"可以试试"。

徐鹤的儿子对自己要求非常严格，自主学习能力很强，在和别人相处时也表现得积极乐观，经常帮助身边的同学解决难题。突然有一天，儿子回家后闷闷不乐，将自己关在房间里。因为了解儿子，徐鹤没有立即采取行动，他相信儿子此刻需要静下来进行自我开导。

半小时后，儿子出来主动跟他沟通："爸爸，我今天做了一件事，我不知道自己做得对不对，您来帮我分析一下吧。"

儿子接着说："今天老师分配下来几个着急又重要的任务，我完全没有经验，如果时间充沛一些的话，我相信自己能胜任，但老师要得紧急，所以在同学鼓励我参加时，我拒绝了。爸爸，我在同学们面前承认自己不行、做不到，我是不是做错了？"

徐鹤摇摇头，说："儿子，你做得很对，做出了当下最明智的选择。面对重要且着急的事情，你没有夸大自己的能力，不去勉强尝试，这对你、对老师都好。这个时候承认自己不行也是勇敢、有责任心的表现。爸爸支持你。"

我们一起来总结一下徐鹤的语言的力量。

首先，当儿子对自己的决定产生怀疑时，徐鹤没有当即附和，无条件地支持孩子，而是通过语言描述出孩子为什么做得对，有什么值得表扬的地方。支持孩子也需要恰当的语言，将孩子具体的做法表扬到实处。

其次，他分享给孩子一个心得：承认自己不行也是被允许的，是勇敢的表现。

父母在与孩子交流时，要将语言中的力量传递给孩子，用彼此都舒服的方式沟通。教育孩子不仅要让孩子努力朝着目标前进，自信且从容地勇往直前，去面对，同时还要允许孩子停下来，甚至后退几步，承认自己不行，重新学习，弥补不足的地方。

任何成长和改变的过程都是痛苦的，孩子难免会有能力不足的情况，与其端着架子，勉强自己承受外界的压力，不如适当解压，承认自己还有待提升。父母可以尝试对孩子这样说："做不好这件事也没关系，承认自己不行才能更好地反省，有针对性地提升。"

与自己对话

与孩子一样，我们也需要不断地学习，要面对生活中的种种烦恼和挫折。我们也会有做不到的时候，有解决不了的难题，没关系，大家都是一样的，不要用十全十美和无所不能来要求自己。与其活在完美父母的套子里，不如坦诚一些，告诉孩子："这件事妈妈做不到，咱们一起想办法解决吧！""爸爸也在学习如何更好地解决这个问题，我们一起进步，好不好？""看来爸爸妈妈也不是万能的，但我们可以一起动脑筋，相信我们一定能找到答案。""爸爸妈妈并非超人，无法做到面面俱到，无所不能。""作为父母，我们也会犯错误，也会面临无法解决的难题，正是这些经历让我们更加成熟和坚强，从而学会了在挫折中寻找希望，在失败中汲取教训。"

第四章

父母这样引导，孩子的人际交往水平更高

"别担心被同学拒绝"

　　每一个人都有社会情感需求，渴望与外界建立一种联系，儿童亦是如此。社会情感能直接影响孩子的语言和逻辑能力的发展。

　　孩子尝试与他人建立联系时，难免会遇到许多问题，比如：不会主动交朋友，不敢开口说话，害怕被拒绝，等等。我们有时会认为这是孩子的问题，不理解明明是很简单的事，为什么孩子却做不好。

　　当我们将问题或行为形成的原因归在孩子身上时，我们会发现这个问题无解，会陷入困境。现在我们换一个角度想一下：当你遇到下面的事情时，你是否说过类似的话？

　　与多年的好友见面，彼此都带着孩子，互相介绍认识时，孩子没有主动打招呼，这时你没给孩子反应的时间，立即对好友说："我这孩子腼腆，不爱说话，没事儿，让两个孩子在一块儿玩一会儿就好了。"又对好友的孩子说："他平时就喜欢看绘本，语文学得也好，你们可以一起交流一下。"就这样，你说了本该孩子自己说的话，做了本该孩子自己做的事，两个孩子在你的帮助和安排下顺利认识了，建立了看似良好的人际关系。

孩子放学回家后对你说："妈妈，班长他不喜欢跟我玩儿，他说我不团结，而且拒绝我加入足球队，怎么办？我可伤心了。"你对孩子说："不跟你玩儿拉倒，你去找别人玩儿，班里有那么多人呢！"你完全没有意识到自己的话是在引导孩子退缩，也没有帮助孩子疏导难过的情绪。下一次被拒绝时，孩子依然会退缩，这解决不了根本问题。而孩子被拒绝多次后，可能会因为害怕被拒绝而不敢主动交朋友，自然会在人际交往这一块越来越脆弱。

没有一个孩子不喜欢和别人交流，也没有孩子愿意变得孤僻、脆弱，不敢说话。我们要从"孩子因为害怕被拒绝而不敢交朋友"这一行为出发，分析背后的原因。首先从自己身上找原因，反省自己的教育，是否曾经给孩子做了错误的示范，替他们说了过多的话，没有告诉他们被拒绝后应该怎么办。

在一定程度上，孩子身上出现的问题可以最直观地反映出父母的家庭教育。因此，我们要试着用积极的语言引导他们正视人际交往中遇到的问题。比如，当孩子害怕被拒绝时，我们可以从以下几个方面来开导。

1. 给孩子开口说话的机会

父母不要替孩子发声，要将交际的角色还给孩子，让他们独立完成。

父母要告诉孩子："放心去交朋友吧，我支持你。"别着急替孩子说，让他们主动开口尝试介绍自己、结交朋友。

2. 鼓励孩子主动与同学建立联系

当孩子害羞或不敢开口时，别用激将法，例如："这有什么难的，你连交朋友都害怕，以后怎么进入社会？"可以试着换成："妈妈相信你可以的，你可以试着将自己的兴趣分享给他，问问他愿不愿意和你一起玩儿。"要多鼓励和引导，给他们时间改变。

3. 用假想法消除孩子不必要的担忧

可以和孩子进行一场对话，让孩子假想一下与同学对话的场景，让孩子知道与其一直担心还没发生的事，不如亲自去尝试、去验证。比如，可以对孩子说："你担心的事情会不会发生还未知，别想太多，想做就做，你要相信自己是很受欢迎的。"

4. 让孩子知道被拒绝是人生常态

告诉孩子，在与人交往时，我们可以勇敢说"不"，别人也可以拒绝我们，要以平常心看待被拒绝这件事。

跟孩子谈被拒绝这件事时，要照顾他们的自尊心，可以这样说："被拒绝了没关系，这很正常，你很优秀，只是没有找到志同道合的人。"

5. 把被拒绝后自己是怎样处理情绪的示范给孩子看

孩子会模仿我们做事的方法。在日常生活中，我们也有被拒绝的时候，我们可以将自己的做法分享给孩子。比如，我们在单位上班时，没有合理安排时间，导致工作不能按时完成，找同事帮忙却被拒绝了。这时我们没有心生怨怼，而是从自身找原因，这次就用加班来解决问题，下次就要注意规划工作时间，提高效率。让孩子知道被拒绝没有那么丢脸，也没什么担心的。被拒绝后，反而会给我们机会反省，从而提升自己。

我们要传递给孩子一种积极的思维方式，即遇到任何事都不要担心做不好，减少心理负担，将精力放在做上。

与自己对话

不管孩子长多大、走多远，在父母的眼中，他（她）永远都是宝贝，需要牵挂。

你也有过类似的想法吧？不希望孩子受伤、遇到挫折，如果可以，想要他们一直一帆风顺，不被任何人拒绝，所以竭尽所能地帮助他们，包括社会交往方面。其实，我们知道这样不对，不利于孩子的成长，但还是控制不住一颗担忧的心。

或许你还不知道吧？孩子在与人交往时比我们想象中更勇敢，也更优秀。很多时候我们不必替孩子说太多，只需要拍拍他们的肩膀，说："去吧，别怕被拒绝！"

"要真诚地对待身边的朋友"

尊敬的老师：

您好！

我最好的朋友跟我绝交了，她觉得我谎话连篇，根本没把她当朋友。我好难过，不知道该怎么办了。其实我也没说什么过分的话，只是没将自己的真实情况说出来。我家在农村，家里不富裕，住在平房里，我不想被同学看不起，于是谎称自己住在大别墅里，家里还有一个保姆收拾卫生和做饭。我一直隐藏得很好，但还是被同学知道了。我最好的朋友已经不跟我说话了，别的同学也嘲笑我。

我跟妈妈说出自己的痛苦，她说我爱攀比，还质问我："你说的保姆就是妈妈吧！没想到在你眼里我就是这样一个形象，我对你太失望了，我没有你这样的孩子。"

我不想去学校，一走进班里就感觉同学们在背后议论我，我现在该怎么办呢？

无助的小学六年级学生

看到这封信之后，你的第一反应是什么呢？是"这孩子真不懂事"，还是"孩子妈妈的处理方法有些欠妥"？当孩子出现问题时，我们要先想想自己的教育方法是不是出了问题。

孩子就像一张白纸，我们在上面写下什么，他们就会变成什么样子。因此，在他们处于学习阶段时，我们就需要以平和的心态和温柔的语言告诉他们怎样做才正确。

信件中的家长已经给大家做了错误的示范，下面我们一起来分析一下让这个孩子感到无助、痛苦，不想上学的语言具有哪些特点。

（1）没有安慰孩子，只有指责和批评。"失望""没有你这样的孩子"，这些语言就像钉子，对教育孩子无益。

（2）没有给孩子正确的引导，只是一味地发泄情绪。这位妈妈对孩子说的话都是描述孩子存在的问题，强调错误，没有提供解决办法。

（3）没有对自己教育的反省，不利于亲子关系的和谐。

这位妈妈应该按以下几点来做。

首先，安抚孩子的悲观情绪，让她换位思考，意识到自己到底错在哪里。比如可以这样说："你先别着急，也别难过，试想一下，如果你的朋友对你说谎，你会不会难过？"

其次，引导孩子思考如何解决眼前的人际关系问题。比如可以这样说："与人交往，最重要的就是真诚，你应告诉朋友你真实的情况，没必要隐瞒，也别自卑。你选择不了自己的出身，但你可以通过学习来提升自己的高度。你可以找好朋友聊一聊，真诚地向她道歉，告诉她你说谎的原因，争取得到她的谅解。今后也要努力学习，用成绩向同学证明你的实力。"

最后，反省自己的教育，让孩子知道你很生气，希望孩子也反省一下自己的行为。比如可以这样说："你对朋友说谎的行为很不对，妈妈希望这是最后一次。"

纠正孩子错误行为的重点在于引导，而非用激烈的语言批判和羞辱孩子。我们在教孩子交朋友时，要告诉他想要交朋友不需要说谎，别用谎言伪装自己，可以试着从积极向上的方向着手。下面分享几个小窍门，家长可以教给孩子。

1. 真诚是"必杀技"

没有人不会被真诚打动，朋友之间的信任是靠真诚的日积月累，如若抛开真诚，信任则会被摧毁，友谊也建立不起来。当孩子交朋友时，家长可以告诉他们："要发自内心地笑，将自己最想说的话告诉对方。"如果孩子做了对不起朋友的事，要引导他们勇敢地向朋友承认错误，而不是用一个又一个的谎言去掩盖错误。让孩子知道承认错误也是真诚的一种表现。

真诚应该贯穿整段友谊，让孩子珍惜眼前的朋友，用真诚去守护和维系与朋友之间的关系。

2. 应用吸引力法则

引导孩子用积极的方式包装自己，告诉孩子：想要吸引什么样的人，就朝着这个方向努力，让自己首先成为这样的人，并且要坚信自己可以做到。不要让孩子停留在空想层面，要让他将想法落在行动上。比如，孩子想要和学习好的同学成为朋友，那就去努力学习。用积极的方式和同学建立联系。

3. 帮助同学是建立联系的第一步

告诉孩子，如果想要交朋友，快速融入班级，可以主动帮助同学，给同学留下良好的第一印象，用真心实意打动别人。

与自己对话

教育孩子很考验人心，因为孩子本身还在向外延展，有着无限的可能。他们正处于认知和探索的黄金时期，难免会犯错，当然，犯错的类型也千奇百怪。我们要给孩子犯错的机会，同时也给自己一些时间去适应，用积极的心态去面对孩子的错误，给他们传递正能量，让他们有勇气去继续探索和学习。

教育的过程或许很艰难，你会接受许多情绪上的挑战，不过好在我们都会在一次次的挑战中成长，在自我反省中积累经验和教训。所以，别慌，慢慢来，一切都会朝着好的方向发展。

"你不是不合群，而是没融入集体的窍门"

当孩子内向，不愿意主动参与集体活动、聚会活动，而总是独自待在角落里时，你说过类似下面的话吗？

"怕什么，其他同学玩什么，你就跟着玩儿呗！"

"宝贝儿，不合群可不行啊！你要抓紧时间改变，不然将来没有人和你玩儿了。"

"你太内向了，要主动一点儿。你看你同桌，多外向，多有活力啊，多跟她学学！"

"上去和姐姐一起表演节目啊！多简单，就跳几下。哎呀！你快去，别躲我身后。"

"参加集体活动时表现得好一点儿，外向一点儿。主动融入同学，很有意思的。害羞可交不到朋友。"

"过年聚会，你怎么不和哥哥姐姐说话呢？他们学习好，多和他们聊一聊学习方法，对你有好处，别总躲在房间里。"

　　孩子听到类似的话，大概率会不开心吧。他们或许会勉强自己按照父母的要求去做，伪装成外向的孩子；或许依旧做一个"缩在套子里的人"，低着头不回应；又或许会更排斥人际交往，不爱说话，更不想融入集体。身为父母的我们也许会感到疲惫，心里想着：我这么做都是为了孩子好啊！为什么没有人理解我的苦心呢？

　　同样是与孩子沟通，引导他们融入集体，不同的语言可能会产生截然相反的结果。我们要用恰当的语言引导孩子，让他们感到充满力量，而不是用语言刺激他们，将他们推向焦虑和自卑。

　　我曾经参加过一位耄耋老人的生日宴，其中有一个环节是家里的孩子们为老人表演节目。对外向的孩子来说，这是一个很好的展现自我的机会，他们活泼、开朗，喜欢上台表演，自然跃跃欲试。而对于内向的孩子来说，当众说话和表演都很有难度，如果可以选择，他们一定更愿意站在幕后。然而，在生日宴会这种场合下，孩子都需要轮番上阵表演。这时，有一个小女孩儿躲在妈妈身后，拽着妈妈的衣服不松手，就是不想走上前去和其他姐姐一起跳舞。而她的妈妈好像觉得孩子的举动很让她丢脸，她先是看了一眼周围的人，然后劝孩子出来："你就跟在姐姐身后跳，随便摆弄几下手里的扇子就行，怕什么，多简单啊！"听了妈妈的话，这个孩子似乎更抗拒了，连连后退，就是不上台。这时，妈妈的面子挂不住，轻声呵斥道："你怎么这么不合群？一点儿都不像我，赶紧上去啊！亲戚们都看着呢。你这孩子！"说着，连忙将扇子塞到孩子手里，用力推着她上去跳舞。上了台的女孩儿肢体很僵硬，脸上的表情很痛苦，与其他跳舞的女孩儿相比，她的动作不协调，而且频频出错，眼泪都流了出来。

还有一个女孩儿，也躲在妈妈身后不敢上台，看到跳扇了舞的女孩儿哭了后，她更紧张了，用力地握着妈妈的手。她的妈妈察觉到了，于是拍拍她的手，说："别担心，你现在很安全，不要紧张。"安抚了女孩儿的情绪后，这位妈妈继续说："今天是太姥姥的生日，有这么多的孩子给她祝寿，你看她笑得多开心。咱们每次去看太姥姥，她都会给你拿你爱吃的黄桃罐头，她很喜欢你。妈妈知道你害怕上台表演节目，担心表演得不好，妈妈也很理解。如果你不想表演，那我们一起跟太姥姥说'生日快乐'，把你的祝福送给她，好吗？"听完妈妈的话，女孩儿似乎没那么害怕了，她看着妈妈，然后点点头，但是迈出一步时，又回头看了一眼妈妈。这时，妈妈鼓励她："没关系的，别怕，就像以前和太姥姥说话一样就行。如果实在紧张，那你就抱抱太姥姥，她一样会很开心的。"这个小女孩儿最后做得很好，不仅说出了祝福，还唱了生日歌。

父母的语言给孩子带来的影响是很直观的。很多时候孩子并不是不合群，不想融入集体，他们只是没有找到合适的方法。我们要做的不是焦虑，也不是强势逼迫，而是帮助和引导他们找到通往"合群"的捷径。那么，我们应该如何改变话术，给孩子做出正确的引导呢？具体可以从以下几点着手进行。

1. 鼓励孩子和身边的同学或朋友建立合作的关系，懂得分享与合作的窍门

告诉孩子一个人的力量是有限的，学习和生活还是需要合作的力量。集体活动会教会孩子分享、协作和团结。可以跟孩子分享以下几点经验。

第一，鼓励他们主动帮助有需要的同学，增进和朋友之间的友好关系。

第二，跟孩子说："当你变得更优秀时，更多人就会靠近你，主动来认识你啦！"

第三，鼓励孩子和同学合作，一起学习和做事，找到和身边朋友共同感兴趣的事情，一起完成。

父母要尽量少参与孩子之间的事情，孩子的问题交给孩子去解决，这样可以锻炼他们的交际能力。

2. 当孩子害怕或紧张时，要先安抚其情绪

无论何时都要让孩子感觉自己是安全的，不会有人强迫他们做事。但同时也要告诉孩子：内向可以，但有些话必须说，有些事也必须做，要有维护自己的权益和保护自己不受伤害的能力。下面分享几点帮助孩子勇敢表达的建议。

第一，从小事做起，给孩子创造表达的机会，可以鼓励他们在

好朋友面前表达，在课堂上回答问题，参加只有两三个人的同学聚会，慢慢锻炼表达能力。

第二，让孩子讲话前试试深呼吸，提醒自己不必紧张。

第三，告诉孩子：说慢一点儿，再慢一点儿，将自己要表达的说出来就好。

第四，让孩子知道：说错了也没关系，别怕被人嘲笑，只要勇敢地开口就好了。

3. 父母要有耐心

父母不要心急，要慢慢来，给孩子营造一种轻松的家庭氛围。不批评，不催促，多鼓励，有耐心，等待孩子做出改变，适应学校的集体生活。

当孩子觉得不适应，不想参加某个集体活动时，父母不要说："别人都去了，你也必须参加。"可以试着这样说："没关系，不参加也可以，不过你可以试试其他感兴趣的活动。""有时候尝试新东西可能会有点害怕，但也可能会有新的发现哦。等你什么时候有兴趣了再试试看。""参加集体活动可以锻炼你的社交能力，但如果你觉得不舒服，那就先休息一下，等准备好了再参与。""不管你做什么决定，我们都会支持你。你不需要为了迎合别人而做自己不喜欢的事。""这是一个很好的机会，让你学会自己做出决定。无论你选择什么，我们都为你感到骄傲。你不想参加就不参加吧，重要的是你开心，而不是别人怎么看。""每个人都有自己的兴趣和喜好，找到你真正喜欢的活动会让你更开心。"对孩子多一些耐心，让他们在自由的环境中成长。

与自己对话

　　孩子不合群，你会着急、难过吗？会在某个瞬间觉得丢脸吗？

　　如果你有过以上想法，别自责，这也是正常的心理。但是我要告诉你，这是不对的，需要慢慢改变。作为父母，我们可以犯错，但不能明知不可为而为之，要时常反省，找到最适合维护亲子关系的方法。孩子不合群，我们不要给他们贴标签，也不要发脾气，更不要觉得丢脸，而是要慢慢引导，和孩子一起找到融入集体的方法。

"守护友谊也要坚持自己的原则"

试想一下，当你的孩子和一个看起来劣迹斑斑的同学建立了友谊，你会怎么做呢？

是直接勒令孩子不再和那位同学联系，还是借此机会给孩子提供一些择友的建议？

你大概已经意识到了，从孩子开始有自己的思想，对身边的人或事有了一定的认知后，他们大概率会遵循自己的内心，对自己不认同的事情会果断拒绝，最直观的做法就是说"不"。我们让孩子做什么，他们都有说"不"的可能。

尤其是6~12岁的孩子，不知他们何时会一脚踏入叛逆期，大道理对他们来说无疑是"反助推神器"，我们说得越多，他们越烦躁，还有可能故意反其道而行之，跟家长对着干。让孩子远离他的"好哥们"和跟他讲大道理一样，结果都会刺激孩子，让他们之间的"友谊"更加牢靠。有时，家长的激烈反对只会将孩子推得更远。

　　既然上述方法没有成效，那么行之有效的方法是什么呢？下面我给大家分享一位家长的做法，她解决这件事的做法绝对是教科书级别的。

　　这位家长的孩子上小学四年级，在学校的各方面表现都很好，是个愿意帮助同学的"小暖男"。一次偶然的机会，她发现儿子在帮同学写数学作业，在送水果的时候还无意间听到他与那个同学的视频对话，那位同学让他在考试时帮忙作弊，给他传答案。

　　遇到类似的事情，绝大多数家长都会立即推门而入，去制止孩子的错误行为，大概率会说："你怎么能帮同学作弊呢！绝对不行！你还帮他写作业，你怎么那么闲？作业写完了吗？我看你这个同学很有问题，听说还逃过课，以后别跟他玩了，小心把你给带坏了！"而这位家长并没有这样做。她表面上不动声色，将水果送进去就转身出去了。接下来的几天，她全面了解了那位同学的情况：成绩不好，上课捣乱，不配合老师，甚至逃课去网吧打游戏。真是一个很让人头疼的孩子。更让她累心的是，这个同学是儿子的好朋友。平复心情后，她开始想办法解决这个难题，大致分了三步。

　　第一步，她创造机会和儿子交流，引导他主动提起自己的好朋友，了解他内心的看法。儿子说："他之前帮过我，我很珍惜这段友谊，想要和他做一辈子的朋友。"她借此表达自己的想法："好的朋友应该互相帮助，我觉得你可以在自己擅长的领域帮助他，比如帮他讲题，督促他写作业，上课认真听讲。"她告诉孩子："想要两个人的友谊长存，那么彼此之间的高度应该差不多，如果他一直逃课，最后没有学上，甚至辍学，该怎么办？"

第二步，告诉孩子维持友谊的有效方法。她对儿子说："良好的友谊是要积极向上、共同提高的，不能为了维持友谊而帮朋友做不好的事，比如作弊、帮忙说谎、替他写作业等。要做正确的事，不能违背自己的原则帮朋友做错误的事。"

第三步，她鼓励儿子去帮朋友改正错误。既然还要维护这段友谊，不能明明知道朋友做错了还不制止，要及时规劝，做一个诤友。

通过这三步，这位家长成功帮助孩子解决了这次的"友谊危机"，同时也让孩子知道了维护友谊也需要坚持自我，做对的事，要有原则和底线。

孩子在人际交往这一块还需要家长的引导，家长要在恰当的时机给予帮助，他们需要学习的地方还有很多。因此，我们在日常生活中有必要跟孩子多交流，告诉他们一些守护友谊的诀窍。

首先，面对朋友犯的错误，要有勇气指出来。自己的错误行为被指出后，不要恼羞成怒，也别自责，同样要有勇气改正。和朋友互相监督，朝着积极的方向前进。

其次，坚守自己的原则和信念，不做坏事，要正直、善良、积极向上、坚持自我。

最后，用心去关心朋友，互相帮助。尊重对方的隐私，也尊重对方处理问题的方式，不攀比，只与自己比较。

与自己对话

　　很多时候，我们都怕孩子误入歧途，于是从小就培养他们正确的价值观，让他们对外界的事物有相对正确的判断，至少要知道什么是对的，什么是错的。可孩子面对问题的思维方式千差万别，他们会沉浸在自己的世界里，逐渐形成自己独特的认知。假如在这个时候孩子遇到了"友谊危机"，比如和朋友一起逃课玩游戏，或者在朋友的怂恿下打了人，身为家长的我们是一定会有负面情绪的，会生气、愤怒、焦虑、担心，除此之外，还会伤心，质疑自己的教育方式。

　　无论出现哪些情绪，都是正常的心理反应，不必为情绪本身而担心。但我们要避免将这些情绪发泄在孩子身上，比如对孩子说："别再跟他玩了，你都被他带坏了，看看你的成绩都下滑到什么程度了！快醒醒吧！"说这些不仅解决不了任何问题，还会让孩子觉得我们干涉了他们的生活，他们会想：难道我还没有择友的权利吗？于是，他们更靠近自己的朋友，你越制止，他们越亲密。

　　与其制止、责怪、辱骂，不如换一种心态和说法，对他们说："没关系，我们一起解决。"让孩子感受到我们没有站在他们的对立面，而是与他们站在一起，是同盟关系，而非对立关系。

"争吵和打架会让友谊出现裂痕"

　　孩子在与人相处时，难免会遇到各种问题，这时就要考验父母的说话技巧了。父母说得好，孩子会更勇敢，能够积极面对和解决人际交往中遇到的问题。

　　假设某一天你的孩子带着一脸的伤回家了，并且非常生气地说："我再也不和小轩玩了，他不配当我最好的朋友！"看着被打得鼻青脸肿的孩子，你会对他说什么呢？下面列举出两种不同作用的父母语言。

　　让孩子脆弱的语言：

　　"哎呀！我的大宝贝，怎么被人打得这么惨？那人下手也太狠了吧！快给妈妈看一看，可心疼死我了。"（这一句表现出父母的溺爱，没了解情况就先入为主地认为自己的孩子受了委屈。）

　　"你有没有还手？他把你打得这么惨，一定要立即打回去，不然太吃亏了！你怎么总是被欺负啊？"（这一句引导孩子以暴制暴，解决不了根本问题。）

"走，妈妈带你去找小轩的家长，把我孩子打成这样，得让小轩跟你道歉。"（越俎代庖，做了本该孩子做的事。孩子以后如果再与同学产生矛盾也会用打架的方式解决，最后会导致孩子没朋友，出现人际交往困难。）

让孩子不脆弱的语言：

"深呼吸，让自己冷静一下，然后去洗把脸，妈妈给你涂一点儿药水消毒，之后你再跟我讲一下今天发生了什么。"（妈妈声音轻柔，先帮助孩子平复心情，进而了解真实情况。）

"争吵和打架不仅解决不了问题，还会使你和小轩的友谊出现危机。你确定要和他绝交？我记得上次你摔坏了腿，是他背你回来的。"（指出打架的行为不对，要换一种思路解决。用回忆告诉孩子要珍惜友谊，遇到问题要积极地解决，有矛盾就要想办法化解。）

"我觉得打架这件事双方都有责任，你还是需要勇敢地面对。妈妈分享给你一个诀窍：先道歉的那一个更勇敢哦！你要现在去找小轩吗？妈妈开车送你去，到了地方，你就要自己解决了哦！在车上好好想一下和小轩说什么吧！"（孩子的事情交给孩子解决。客观地和孩子一起分析整件事，用语言给孩子指出一个方向，给他鼓励和支持，让他更有力量。）

从上文可以看出，前者会使孩子丧失与朋友和解和继续维护友谊的勇气，使得他在与人交往时表现得更脆弱，比如不敢道歉，与朋友产生误会也没勇气解开，会害羞、退缩；后者会给孩子带来社交的力量，让孩子懂得积极寻求和解的办法，使友谊更牢靠，在与他人相处时表现得更勇敢。

那么，当孩子与他人产生矛盾或发生误会时，我们应该怎么引导他们用积极的方式解决呢？可以从以下几点着手。

1. 给孩子做一个可以近距离接触和学习的榜样

在同一个屋檐下生活难免会有摩擦，不管是夫妻之间、婆媳之间还是亲子之间，而解决矛盾的方法都可以用到与朋友相处上。我们是如何对待矛盾、怎样解决问题的，孩子会模仿。这也是为什么家庭暴力具有遗传性——爸爸暴力解决问题，孩子会如法炮制，将来也会变得暴力。

给大家分享一个解决矛盾的黄金公式，即"稳定情绪+深度沟通"。情绪管理这一块可参考本书的第五章，在此不再赘述。这个公式的精髓就在于"不在情绪波动时说任何话，做任何决定"，心里平静，思维跟得上，才能做出有效的沟通。我们要以"润物细无声"的方式向孩子渗透如何解决与他人之间的矛盾的智慧。

2. 平时跟孩子分享一些处理矛盾的小诀窍

（1）自我疗愈法。即察觉到与朋友有意见分歧或出现矛盾时，不要迫切地据理力争，因为如果吵赢了，则会输掉情谊。不如静下心来思考，将分歧或矛盾想通之后再做决定。

（2）回忆法。告诉孩子："当友谊出现决裂的危机时，不要争吵，在心里数一数对方做的让你难过的错事，记录下来，再在每件错事的后面写上对方做的好事，比如曾经帮过你的事、你们一同经历的开心的事、对方做的令你感动的事……"写到最后，孩子就会知道如何做了。是继续维护这段友谊，化干戈为玉帛，还是决裂，不再往来，这神奇的"纸上回忆"都会给出答案。

（3）催眠法。让孩子将争吵和打架这两种会让友谊出现裂痕的方式给过滤掉，在心里默读一遍"不吵不闹，不打架，和谐解决我最棒"，孩子的嘴角大概率会上扬。

3. 不立即干涉，让孩子自己去解决

当孩子与朋友之间出现矛盾时，我们不要立即干涉，让孩子自己去思考如何改善与朋友之间的关系。家长的过多参与会增加问题的复杂性，不如放手，交给孩子解决，这是孩子成长过程中必不可少的一部分，通过解决与朋友的矛盾，他们可以学习到如何沟通、妥协、理解和尊重他人。我们只要在他们需要帮助时伸出援手即可，比如，通过倾听他们的烦恼，理解他们的感受，提供一些引导性的方法，帮助他们从不同的角度思考问题，或者分享一些我们自己的经验和建议。

总而言之，要让孩子懂得用积极的思维和心态面对人际交往的问题，多积累一些经验。这样，每个孩子都有可能成为"小小人际交往大师"，收获属于自己的友谊。

与自己对话

　　教育孩子时，你会担心教错，给孩子错误的引导吗？比如，在孩子上学前告诉他："别人打你一定要当场打回来！可不能被欺负了！"结果他没被同学打，反而成为先出手打人的一方。当你接到老师的电话时，你会懊悔和自责吗？

　　其实，我们也是需要不断学习的新手父母，这个"职业"没有岗前培训，直接入职，上手去教，一定会有说错、做错的时候。错了，没关系，积极改正啊！我们要教给孩子的就是这种知错能改的积极心态。别担心，也别害怕出错，我们本来就应该和孩子一样不断学习，共同成长！

第五章

父母这样做，孩子的情商提升快

接纳孩子所有的情绪

"情商之父"丹尼尔·戈尔曼认为：真正决定一个人成功与否的关键，是情商，而不是智商。父母在对孩子进行家庭教育时，不仅要关注孩子的学习，还要关注孩子情商的发展，在与孩子的日常接触中，要有意识地培养孩子的情商。

什么是情商呢？情商是指一个人的情绪、意志、性格和行为习惯的组合，它与智商相对应。丹尼尔·戈尔曼认为情商包括五个方面的内容：了解自我、控制情绪、自我激励、理解他人的情绪以及处理人际关系。父母引导孩子提升情商可以从这五个方面入手。

想要提高孩子的情商，父母首先要教会孩子认识和了解各种情绪，做到从感受、认识、了解到理解、接纳、管理的转化。

认识和接纳各种情绪是提高情商的关键。对于情绪，很多父母崇尚正面、积极的情绪，对负面、消极的情绪唯恐避之不及，希望只保留积极向上的情绪，消除悲观、消极的情绪。但是情绪是一种内在的主观体验，任何情绪的存在都是正常的，消极情绪不会被彻底消除，最理想的状态就是与各种情绪和谐共处。我们不能用好和坏来判定情绪，在帮助和引导孩子正确认识情绪的同时，我们也要和孩子一样，学习接纳所有的情绪。

孩子对情绪的理解很大程度上取决于父母如何教育。

比如，当孩子感到悲伤，觉得压抑、痛苦时，他往往会哭，或者表现得失落，不爱说话，拒绝表达。面对孩子的这种表现，有些父母会如临大敌，认为孩子应该乐观开朗，勇敢面对，于是便会对孩子说：

"别哭了，有什么好哭的。这么多人看着呢，多丢脸！"

"这点儿挫折就受不了了？你将来还要考北京的大学呢，总这么悲观，怎么可以？"

"千万别出现这种情绪，你这样太消极了，忍住，一定要积极，就算想哭也别表现出来，要笑。"

上述父母语言会让孩子认为负面情绪非常不好，一定要制止它们，而且不要表现出来，要伪装自己的情绪，永远表现得乐观向上。

还有一部分父母会引导孩子接纳自己所有的情绪，包括那些负面情绪，他们会这样说：

"没关系，每个人都会有心情不好的时候，想哭就哭，别忍着。"

　　"我知道你现在很难过、很消极，感觉很不好，不过这都是正常的生理现象。你可以试着感受它，明白它的出现不会给你带来什么，再把让你心情变好的方法记录下来，你就会发现负面情绪没有什么，与开心和快乐一样，都是我们生活中的一部分。"

　　"当负面情绪出现时，别被它的表现形式吓到了，我们可以用正确的方法把它们发泄出去。"

　　上述父母语言无疑带着一股力量，会让孩子认识和懂得负面情绪，从而慢慢学会心态平和地处理问题。

　　下面我们来总结一下父母应该如何引导孩子接纳所有的情绪。

　　第一，当孩子出现情绪波动时，父母不要夸大情绪本身的影响，应以平和的心态看待，说话时注意语气，引导孩子逐渐达到"不以物喜，不以己悲"的状态。比如可以这样跟孩子说："别急，出现这种情绪很正常，以平常心看待它，我们一起认识它，再想办法征服它。"

　　第二，父母要接纳孩子的喜怒哀乐，喜欢孩子的所有，不要因为孩子的坏情绪而对孩子发脾气。比如可以这样跟孩子说："你生气发脾气会让我感到难过，但妈妈依然接纳你、关心你，你也要接纳自己的坏脾气，想办法改变。"

　　第三，用积极的心态面对孩子的坏情绪，言传身教地告诉孩子当负面情绪来临时该怎么处理。比如，当孩子生气时，父母可以这样告诉他："小气球快要爆炸了，别再生气了，我们一起深呼吸，把气放出去吧！沉着冷静，别慌张！"

总之，要让孩子以轻松的方式了解自己的情绪，接纳自己所有的感受，然后更好地学习和生活。

与自己对话

学习接纳自己或孩子的情绪需要漫长的时间。不可否认，负面情绪给人的感觉很不好，如果可以，希望它们最好永远不要出现。但现实是，我们终其一生都要学习如何与负面情绪和谐相处，接纳它，了解它，才能更好地管理它。

胜不骄，败不馁，和孩子一起看淡成败

你的孩子曾有过以下类似的情形吗？

表演成功或取得好成绩会异常兴奋，显得有些骄傲自满，连说话的劲头都很足。可一旦事情没有达到预期，表演的过程出现纰漏，导致没有拿到名次，就会异常失落、悲伤、焦虑，甚至开始发脾气，对自己的失败感到自责。

孩子的情绪若随着事情的好坏或成败而波动，则对自我的发展很不利。这样的孩子往往给人一种功利心太重的感觉，如果父母不适当干预，任由其情绪大起大落，则不利于其积极人格的塑造。

那么，孩子出现这种情形的原因是什么呢？父母应该如何引导呢？

首先，孩子出现这种情形可能和父母的教育方式有关。所以父母要先反省自己的教育方式，看是否在生活中表现出"因成功而喜，因失败而悲"。

如果有一天孩子满心欢喜地跑回家，一推开门就兴冲冲地说："爸爸妈妈，我考试进步可大了，老师在全班同学面前表扬了我，我好开心啊！"这时，父母如何表现对孩子的影响很大。

假如父母这样回应："宝贝儿，你可真厉害，没辜负我们对你的期待，我真的太开心了！"类似的语言会给孩子一种暗示：考试考得好，父母会开心。

但是如果换一种方式说："你做得很不错，妈妈为你感到骄傲。看到你这么开心，妈妈也觉得很高兴。"这样的语言给孩子的暗示则是：父母会因为我开心而高兴。

面对孩子的成功，父母的情绪表现和语言表达对孩子来说是引导和榜样，父母怎么做，孩子会模仿。所以父母要让孩子感受到：成绩没那么重要，开心更重要。遇到失败的情况也是一样。比如，如果有一天孩子在英语作文里单词拼写错了一大堆，被老师点名批评，父母要怎么回应呢？

"之前让你好好背单词，你偏要出去玩，这下好了。赶紧学习去吧，下次再考不好，可没你好果子吃！"这话容易摧毁孩子最后的防线，这会给孩子这样的暗示：失败很丢脸，父母很生气。

如果换一种方式表达："没关系，我们先找到单词拼写错误的原因，就像看病一样，找到症结，治好就没事儿啦！"类似的话就是一剂强心剂，孩子听完后就会充满信心和动力，觉得失败没什么，根本不会怕。

父母对孩子成功和失败的不同反应会直接影响孩子对成败的情

绪表现。因此，父母要注意自己的说话方式，试着做到不因事物的好坏而或喜或悲，心态平和些，孩子的情绪也会稳定些。

其次，可能因为孩子对自己的要求过高，有完美主义思想，过分看重成功，抵触失败。

现在，小孩子"内卷"的情况也普遍存在，他们有学习的驱动力，会自发地学习，各方面表现都比较突出。但是抗压能力仍需要提升，在他们的潜意识里不存在不完美和失败，所以一旦遇到不完美的事或者经历失败，他们就会难以接受现实，甚至会大受打击，一蹶不振。对于这样的孩子，父母需要引导他们提升耐挫力，用系统脱敏法帮助他们克服对失败的抵触。

系统脱敏法讲究循序渐进，用在耐挫力的提升上可以这样尝试：找一件孩子十拿九稳的事情让他去做，刻意制造麻烦阻挡孩子完成。当事情没有达到预期时，和孩子谈一谈失败后的感受，用现实告诉他："失败没关系，只要心没有被打败，就还有重新来过的机会。"接下来继续让孩子尝试失败，失败后再鼓励孩子重整旗鼓。这样几次之后，孩子就不会对失败那么在意了，同时也知道了失败后应该怎么做。

最后，可能因为孩子对自己的能力认知不足，目标设置过高，只看结果，不在意过程。

孩子取得一点儿成绩，就会很容易生出骄傲自满的心理，从而会夸大自己的能力，会给自己设定更高的目标。当能力与现实不匹配时，失败就会出现。失败后，孩子就会有登高跌重的感觉，接受不了现实。此时，父母需要做积极的引导，告诉孩子：努力的过程也很重要，不要太过在意结果。

在一定意义上，任何一个孩子都可以成为好孩子。如果孩子出现了问题，那很可能是父母在某方面的教育出现了缺失或不足。孩子的问题首先要在父母身上找原因。我们一直都说孩子是一张白纸，父母说的话、做的事，都会影响白纸上的图画。是五彩斑斓、构图精准，还是灰暗萧条、线条混乱，都与父母的教育有关。

对成败淡然处之这件事，是需要父母和孩子一起进行的。父母和孩子会互相影响，也能一起成长。

与自己对话

北宋文学家范仲淹在他的《岳阳楼记》中写道："不以物喜，不以己悲"。意思就是说不因外物的好坏和自己的得失而或喜或悲。

想要达到这样的状态，需得练就一颗豁达之心。尤其要将这种豁达精神应用在孩子身上，比如：以平和的心态面对孩子的学习问题，不因孩子的成绩或喜或悲；在生活中给孩子树立良好的榜样，以达到教会孩子看淡成败的目的。

不嫉妒，让孩子将关注点放在自己身上

如果任由嫉妒肆意发展，它会让人无法思考，一头陷进灰暗的旋涡，不仅不利于人际关系的处理，甚至会让人出现焦虑、羞耻、怨恨等心理问题。

孩子在成长的过程中出现嫉妒心理很正常，重要的是父母如何引导，不让嫉妒阻碍他们的正常学习和生活。

阿德勒在《儿童教育心理学》中提出："在任何情况下，儿童和成年人都有一种难以避免的追求优越感的强烈冲动。"他认为，容易产生嫉妒心理的儿童，更容易养成一种心理习惯，即希望他们的竞争对手遭遇不幸。他们不仅有这样的心理，甚至还会做出伤害别人的行为。他们可能会通过诽谤他人、泄露秘密来诋毁同伴，从而抬高自己的地位。

可见，嫉妒之心如果不能被正确疏导和开解，它对孩子产生的影响是负面的，不利于孩子身心的健康发展。下面我们引入一则案例，看看这位家长是如何引导孩子消除嫉妒心理的。

邹萍和女儿去参加学校组织的活动，其间，老师组织家长和学生去参观学生绘画的优秀作品。走到一幅作品前，女儿突然说："妈妈，您觉得这幅画画得好吗？我觉得不怎么样，底色搭配得不协调。而且我听说画画的人以前偷拿过同学的钢笔。"看到女儿的情绪反应如此强烈，她看了一眼这幅画的作者，发现女儿之前提到过她，说她抢了自己上台演讲的机会，不喜欢她。她意识到女儿这是产生嫉妒心理了，对这位同学有敌意，甚至通过语言诋毁她。现在的问题有些棘手，她意识到自己需要严肃对待，但需要讲究方法，不能让女儿产生抵触或叛逆心理。

首先，邹萍没有立即用严厉的语言批评女儿诋毁同学的行为，因为她知道这样只会将女儿推向嫉妒的深渊，刺激她的情绪。她选择用平和的态度、温柔的语气告诉孩子在背后议论他人的行为不对。她将女儿拉近了一些，说："嘘！在背后议论同学可不礼貌，咱们别管这幅画了，去前面再看看吧，这个展馆很大呢！"通过转移女儿的注意力，让她将关注点放在别处，从而达到用其他信息挤走女儿大脑中的嫉妒的目的。

接着，邹萍和女儿交流、谈心，拉近彼此的距离，同时也了解一下嫉妒产生的原因。她问："最近班级里有什么有趣的事情吗？"嫉妒在一定程度上意味着关注，孩子一定会将话题引入到令她嫉妒的同学身上，邹萍借此了解孩子与同学之间的矛盾、嫉妒的原因。

在女儿说出嫉妒同学的原因后，她试着引导女儿将关注点放在自己身上："妈妈知道你很努力，每天起早练习演讲，连发音的标准都很在意，会刻意练习。只要你一直坚持就一定会有回报。你继续努力提高自己的演讲水平，多在课堂上表现自己，老师也会看到你的进步。等将来再有演讲的机会时，你就更有把握抓住了。"

最后，邹萍纠正孩子的错误，告诉她诋毁他人的行为不好，一定要改正。

父母引导孩子消除嫉妒的心理要层层递进。孩子从接受到改变需要一个过程，这时不能急于求成，立即制止孩子嫉妒的语言或行为有可能会刺激他们，引发更加激烈的嫉妒。只有让孩子从根本上了解嫉妒的危害，他们才会积极纠正自己的错误，将嫉妒转化为向上的行动力，关注自己的成长，而不是嫉妒他人的进步。

在孩子纠正嫉妒心理的过程中，父母也需要全程"陪跑"。在稳定情绪方面，和孩子一起做运动、看书、听音乐；在提升能力方面，制订提升计划，努力钻研，用心学习。总而言之，要将孩子对卓越感的追求落在自我提升和对真善美的追求上，甚至为他人的进步而喜悦，以此喜悦为前行的动力。

与自己对话

当其他家长可以看起来毫不费力地培养出一个成绩优异的孩子时，当他们的身材管理和情绪管理都比你好时，你会嫉妒吗？

嫉妒的出现有时会猝不及防，就像一粒种子落在心上，可以快速生根发芽。如果你也有过嫉妒之心，别自责，因为它太容易出现了。它出现了并不代表我们不好，相反，我们可以将它当作善意的警钟，它告诉我们可以试着改变了，将关注点放在自己身上，放在自我提升上。要知道，我们嫉妒的那些人也是通过不间断的努力才取得成果的，他们只是看起来毫不费力，背后的坚持和磨难大多被隐藏起来了。所以，当嫉妒再次出现时，就用行动力去赶走它吧！

想办法赶走负面情绪

负面情绪又被称为"负性情绪"，是指抑郁、焦虑、恐惧、悲伤等情绪。情绪虽然不分好坏，任何情绪的出现都是正常的反应，都值得体验，但负面情绪给人带来的体验感很不好，会将人带入消极的黑洞。如果人的思维长期被负面情绪侵占，负面情绪就会使人进入单向思维的恶性循环，简单来讲就是钻进牛角尖里走不出来，从而开启负能量与精神内耗。这于人于己皆不利。

有人认为负面情绪太可怕，一定要想办法消除它。

清除负面情绪的难度很大，它不仅不会消失，还会时常出来"刷一下存在感"。所以情绪管理是一门持续一生的课程，它需要我们不断积累经验，当负面情绪出现时，别被它吓到，要试着用积极的方法赶走它，不让自己陷入内耗的恶性循环。

对情绪的管理越早越好，最好从娃娃抓起。父母在调节和管理自身的负面情绪时，也要言传身教地告诉孩子应该如何面对负面情绪，怎么与之抗争，科学又高效地管理它们。其实，负面情绪很好对付，只要从两个方面入手，通过三个步骤就可以解决。下面我们先看一个实例，看一下这位家长是如何帮助孩子赶走负面情绪的。

小辰最近有些叛逆，总是控制不住自己的火暴脾气，就像一个小炮仗，一点就着。有一次，他在学校与同学发生争执，他说不过对方，还被同学推了一下，被气得茶饭不思，躲在家里生闷气。而且他越想越生气，觉得很丢脸，于是气恼的情绪愈演愈烈，还滋生出了焦虑、暴躁、郁闷的情绪。第二天，他的嘴角红肿，起了好多小水泡，一碰就疼。

孩子碰到类似的情绪问题，一般的父母早就着急上火、焦虑不安了，而这位家长是怎么处理的呢？这里就引出了疏导孩子负面情绪的第一个方面，即父母本身的情绪要处理好，心态平和、情绪稳定的家长才有帮助孩子解决问题的可能，想救人，先自救。

小辰的妈妈在孩子出现叛逆行为的时候就开始调节自己的情绪，从不让孩子的暴躁、叛逆、不听话等行为影响自己的心情，也不会复制孩子的负面情绪，每次都会心平气和地与孩子沟通。有时，她也会有强烈的情绪反应，但她都用正确的方法缓解了，每次交流都是在情绪稳定的情况下进行的。这一次，她了解孩子在学校的情况后，对他说："先别去想学校的事情了，你不是一直想吃农家菜吗？今天正好是周末，妈妈带你去郊区采摘吧！摘一些瓜果蔬菜回来自己做，想想就很棒！"这样，她用移情法将孩子的注意力转移到别处，让他暂时不去想令其生气或郁闷的事情。

接下来就是疏导孩子负面情绪的第二个方面，即孩子自身的做法。主要分为三个步骤，简单来讲就是认知、疏导和反省。

第一步，认知，即让孩子意识到负面情绪的存在，感知到它来了，敲响身体内的小警铃。

到了采摘园，小辰的情绪平复了。他们一边采摘，一边闲聊，最后妈妈将话题引到各种情绪上："妈妈在单位有时也生领导的气，觉得她情绪不稳定，总对下属发脾气，安排工作不合理。记得上次被领导骂了，我很生气，去卫生间照镜子时吓了自己一跳，原来我生气时脸上的表情那么可怕。从那之后我就有意识地管理自己，生气的时候就告诉自己'别气，别气，都是小事儿'。"

当孩子主动问妈妈生气时都怎么办时，就可以进行下一步了。

第二步，疏导，即当意识到负面情绪来临时，可以通过科学的方法赶走它们。父母可以将自己的经验或方法分享给孩子，就像小辰妈妈那样，对孩子说："妈妈难过或者生气时也总结了几个小妙招，你要是感兴趣的话，我就分享给你。"像朋友之间分享玩具那样交流经验，增进亲子关系的亲密度。

疏导负面情绪的小妙招主要有以下几个。

（1）当感觉到生气、焦虑、郁闷、恐惧时，先用自我暗示的方法让自己停下来，告诉自己："我现在很生气，先别说话，找个安静的地方让自己冷静一下。"

（2）将负面情绪排出去。可以采用三种方法来进行：①运动法，如慢跑、球类运动可以很好地舒缓情绪，释放过多的能量；②

怡情法，如听音乐、画画、看书等可以舒缓心情，陶冶情操；③沟通法，如和父母聊天、找好朋友谈心，将自己的思想引入正方向上。

（3）情绪激烈时不做任何决定，不说任何话，等心情平复后，认真思考让自己生气或悲伤的事，客观地分析。

（4）积极地思考如何解决眼下的问题，是自己的问题就改正，是别人的问题则耐心沟通。

第三步，反省。总结负面情绪的舒缓步骤，积累经验和方法，形成正向的思维，以后再遇到类似的问题就懂得如何去做了。

总而言之，要让孩子逐渐养成管理负面情绪的习惯，即任何负面情绪来了都不怕、不慌、不内耗、不烦恼，而是用正确、科学的方法管理它们。

与自己对话

你曾经是否也被负面情绪困扰过，钻进一个仿佛永远看不到希望的黑暗旋涡？别放弃，学会自救，熬过去，你会变得更坚强。

正如海明威所说："生活总是让我们遍体鳞伤，但到后来，那些受伤的地方，一定会变成我们最强壮的地方。"

希望你我都能从负面情绪的旋涡中挣脱出来，看到黑暗中的星辰，找到属于自己的那一抹微光。

不为没有发生的事焦虑

你的孩子有过焦虑的情绪吗？

焦虑的主要表现有：想太多，深层次加工所听到的话，会因为他人无心的一句话而冥思苦想，猜测和揣摩他人的心思；面临选择时会犹豫不决，无论最后怎么做决定，都会后悔没有选择另一条路；面对未发生的事情，尤其与自己相关的重要事情会焦虑不安，害怕做不好，担心会出差错；考试前睡不好，失眠多梦，害怕考砸会被老师和家长批评；总是眉头紧锁，很难获得快乐。

当孩子出现焦虑的情绪时，你是怎么对孩子说的呢？

A. "有什么好焦虑的？！今天害怕这个，明天又担心那个，有那个时间不如去学习，这样才能考好。就知道整一些没用的，赶紧去学习！作业写完了吗？"

B. "焦虑很正常，爸爸和妈妈也时常焦虑。别担心，咱们一起想办法赶走焦虑的小情绪。"

以上父母的两种反应带给孩子的影响是很直观的。A会加重孩子的焦虑感，给孩子造成误解，打击他们的自信，让原本有些犹豫的心变得更加摇摆不定。B的重点在于和孩子统一战线，携手共进，一起消除焦虑，让孩子知道焦虑没什么，赶走它就好了。

焦虑，是一种心病。人如果思虑过重，不仅会破坏心情，还会影响身体健康。

人有七情六欲，焦虑也是一种普通的情绪，人在面对和接受新鲜事物，或者遇到难事或复杂的事情时就会产生焦虑感，这是对未知的不安，相当于应激反应。适度的焦虑可以转化为动力。但一旦这种情绪占据主导地位，且经久不散，那么就成为焦虑症了。

因此，当孩子出现焦虑情绪时，父母的及时引导就尤为重要了，可以从以下几点着手。

1. 父母首先不能焦虑

当孩子焦虑时，父母不要烦躁，要对孩子有耐心，要心平气和地开导孩子，用爱和行动告诉孩子：有任何难以解决的问题都可以和父母讲，别郁结于心，将焦虑隐藏。

父母的语言如果带有不耐烦或斥责，只会将孩子推得更远，孩子以后也没有办法对父母敞开心扉。记住，宽慰的语言要落到实处，触及灵魂。不能只说："有什么好焦虑的?!"而是要让孩子把焦虑的原因讲明白，用生动的例子告诉孩子：焦虑的事情不一定会发生。

2. 鼓励孩子

焦虑或担心事情做不好，忧虑还未发生的事情，实际上是对自己缺乏信心，或自身能力不足，没有把握做好一件事。这时父母可以用鼓励的语言增强孩子的自信心，用可行的方法提高孩子思考和动手做事的能力。

（1）扩宽孩子的阅读面，增强孩子的知识储备，不要"书到用时方恨少"。

（2）跟孩子分享高效的学习方法，比如利用好课堂的黄金时间、课前预习、课后及时复习、科学整理错题本等。

（3）让孩子养成做事的好习惯：做事前，做好准备工作，将要做的事情梳理妥当，提前敲定每一个环节，做足准备，焦虑感自然会少。

（4）告诉孩子：放宽心，心态平和些，想一些开心的事，让自己轻松一点儿。

3. 改变心态，克服焦虑

（1）告诉孩子：别吓自己，一切事情都有解决办法。很多焦虑都是自己吓自己，想象能够放大事情的难度。让孩子别乱想未发生的事，练就一颗坚强、勇敢的心。

（2）告诉孩子：不完美时别较真儿，用"随它吧"的语言暗示自己不纠结于无法控制的事情。一切顺其自然，不让完美成为焦虑的源头。

（3）解决问题要循序渐进，一点点解决，一步步进行。教孩子将大事分割成一件件小事，这样更容易解决，更容易获得自信，从而减少焦虑感。

（4）教孩子用积极的语言进行自我鼓励，用积极的思维看待害怕的问题。告诉孩子："你害怕的事情不一定会发生，想象的难题也不一定会出现。""害怕是一种自然的情绪反应，但请记住，它并不代表事情的真正结果。""担心不会让事情变得更好，反而可能会让你错过美好的机会。所以，尽量放下不必要的担忧，去享受生活的每一刻。""你的想象力很丰富，但有时候它也会欺骗你。记住，不是所有想象出来的事情都会发生。""你所担心的可能只是最坏的情况，但大多数情况下，事情并不会发展到那个地步。保持乐观，相信一切都会好起来的。"

（5）保持运动。运动可以锻炼出强大的精神，和孩子一起运动，让孩子在运动中找到平和的心态。

焦虑本身不可怕，它不过是正常的情绪反应，每个人都可能产生这种情绪。我们在引导孩子认识焦虑、面对焦虑以及克服焦虑时也要告诉他们："焦虑没什么，别惧怕它，适度的焦虑还会提升我们的能力。"孩子只有客观地认识和面对焦虑，才能化焦虑为动力，更好地发展。

与自己对话

　　你为孩子的学习焦虑过吗？你会因为焦虑而失眠吗？你曾经有过因为焦虑而对孩子发脾气的情况吗？

　　如果你曾有过，那就从现在开始积极地改变吧！

　　焦虑不等于脆弱，它是一种尚未转化、等待被开发的神秘力量。我们要将焦虑控制在适度的范围内，客观地认识自己，接纳焦虑，重新找回做事的自信和勇气。

第六章

父母这样配合，孩子的行为习惯更好

培养孩子积极向上的思维习惯

对于脆弱的孩子来说，父母赞许和鼓励的语言就如久旱后的甘霖，可以"润物细无声"，慢慢滋养孩子的内心，让他们有勇气改变，将脆弱的一面一点点消灭掉。

其实，脆弱孩子的思维已经趋于消极，他们遇事的思维习惯是退缩或逃避，觉得眼前的事情太难解决，很容易放弃。想要改变已经形成习惯的思维模式很难，因为放弃很容易，改变却需要花费大量的精力，付出辛苦和努力。面对脆弱的孩子，父母无疑是焦急的，看孩子脆弱的表现也是恨铁不成钢的。但越是这个时候，父母就越要注意自己的语言，不要用批评和责骂打压孩子，以防让孩子从犹豫摇摆直接变成对现状妥协，即原本可以站起来试一试，最后却直接"躺平""摆烂"。此刻父母的语言应该是积极的，给孩子一种正向的心理暗示。

积极的语言会给孩子带来什么呢？那应该是一种无穷的力量，

是化腐朽为神奇的灵丹妙药。

心理学上有一个著名的皮格马利翁效应，它源于古希腊的神话传说。据说，皮格马利翁是一位赫赫有名的雕刻家，在当地声望很高。他耗费精力雕刻了一位美丽的少女，这位少女栩栩如生，他不可自拔地爱上了她，并且替她穿上长袍，为她取名为盖拉蒂，时常给她亲吻和拥抱。每天，他都跟少女表白，赞美她，但她只是一个雕像，给不了他任何回应，绝望的他最后带着供品到神殿找阿佛洛狄忒女神求助，希望女神能够赐他一位如盖拉蒂一般的妻子。女神被他的真诚和决心打动，决定帮助他。回到家后，他深情凝望着雕像，慢慢地，雕像的脸竟然红了，眼睛出现光泽，嘴唇微张，对他莞尔一笑。奇迹出现了，雕像少女活了过来，真的变成了他的妻子，从此，他们幸福快乐地生活在一起。

皮格马利翁效应表明了期待和赞美可以产生奇迹，它也可以帮助父母引导孩子走出脆弱"迷城"。脆弱的孩子只是暂时迷了路，父母适当的赞美和鼓励就是孩子走出脆弱"迷城"的灯塔，可以为他们照亮回家的路。

当孩子感到迷茫，做事犹豫不决，面对困难不敢上前，没有自信和勇气时，父母就可以试着用积极的语言引导，让他们逐渐养成一种思维习惯：遇事不慌—积极应对—反思总结。

首先，父母要告诉孩子什么是积极的思维模式，也就是思考的习惯。积极的思维模式，即当问题出现时，第一反应不是抱怨或将难题推出去，而是思考如何解决，思维由"为什么是我"转向"我要怎么做"。

其次，用实际行动告诉孩子父母是如何做的，将父母的思维转化为行动，用具体的操作给孩子做榜样。比如房门锁了，没拿钥匙，不要抱怨或推卸责任："都怪你，我提醒你了，为什么不拿钥匙，害我们进不去。"而是试着解决问题："爸爸单位有备用钥匙，咱们一起去拿吧，顺便在附近的公园里玩儿一圈。"这样既化解了矛盾，解决了问题，也给孩子树立了好的榜样。

最后，养成正向思维的习惯，及时总结和反省。父母在帮助孩子养成积极解决问题的思维习惯时，也可以和他们一起反省和总结，让孩子试着梳理最近做的事，将他们获得的经验分享出来，共同进步。这也是很有意义的亲子活动。

当然，在这个过程中，父母千万不要吝啬给予孩子恰到好处的心理暗示，可以通过语言、动作、神态等给孩子传输一种信息：他某方面做得很不错，或者他某个地方处理得特别棒。切记，要明确指出"某方面"和"某个地方"，让孩子知道父母真的在意他们，关注他们做了什么，而不是泛泛而谈，敷衍了事。

积极的思维模式一旦养成，孩子将不再惧怕难题，也不会下意识地退缩和逃避了。可以说，这是从根本上加固了"反脆弱的堡垒"。

与自己对话

　　积极向上的思维模式同样适用于身为父母的我们。实际上，父母遇到的难题、经历的坎坷要比孩子多，孩子需要父母鼓励性的语言，父母同样需要。夫妻双方可以互相给予鼓励性的语言，也可以通过和孩子互相鼓励来获得。还有一点，就是通过积极的自我暗示，逐渐养成坚强、勇敢、自信的心态。

　　希望你我都可以拥有积极向上的思维习惯，和孩子一起拥抱美好的明天！

让孩子每天坚持做一件小事来培养韧性

你可能遇到过这样的孩子，他们的抗压能力超强，仿佛是逆风生长的树，无论外界的风雨多大，都会挺直腰杆，无所畏惧。这样的孩子仿佛拥有黑色生命力，哪怕经历重重苦难也能重拾信心，从低谷中找到前行的勇气，永不言弃，韧性十足。

韧性是什么呢？它是一种强大的复原力，可以打破僵局，告别脆弱，直到解决问题。拥有韧性思维的孩子在经历失败或磨难后会快速恢复，找到继续前行的力量。

如果孩子脆弱、行动力差，父母就可以通过培养孩子的心理韧性来改善。

西亚发现自己的孩子做事缺乏韧性，遇到难题就退缩，不敢上前。经过仔细观察，她了解到孩子总是退缩和逃避问题的原因有三点：一是没自信，不相信自己可以做好；二是真的没有能力解决，不知道应该怎么办；三是心理抗压能力不强，容易被困难击倒。

针对孩子的情况，西亚先是和他沟通，了解到他也有改变现状的想法后，他们一起制订了"改变脆弱，增强心理韧性"的计划，每天做一件小事来培养韧性。比如：独立完成手工作业，锻炼动手能力；移植几株西红柿苗，记录西红柿开花和结果的过程；跟妈妈学习做简单的菜，如西红柿炒鸡蛋、蛋炒饭等。

看似简单的小事对孩子来说也是大事，会有许多难处理的地方。要想做好手工作业其实很难，需要融入创意和设计，还要有道具，比如剪纸、贴画，虽然孩子在操作的过程中剪错、贴坏过很多次，但是在这个过程中得到了西亚的鼓励。移植的西红柿苗都涝死了，没有一株开花，西亚告诉孩子："没关系，我们再移植几株，这一次要吸取教训，浇水要适量。"做菜也会遇到有意思的结果，比如鸡蛋炒煳了，里面竟然还没熟，蛋炒饭里的饭竟然是冰凉的。

虽然这些小事都不是一次成功的，但西亚发现孩子比从前乐观了，遇到问题的第一反应不是抱怨，而是说："没关系，再试一次，没准儿就成功了。"她很欣慰，孩子复制了她说的话，她通过语言给孩子传递了力量，让他更有韧性。

那么，父母在培养孩子的心理韧性时应该注意什么呢？主要有以下几点。

（1）韧性不等于要强，父母在用语言引导时，切莫让孩子将韧性与要强混淆。提醒孩子：该坚持时要坚持到底，遇到自己解决不了的事时也要学会示弱。告诉孩子："爸爸和妈妈不需要你无所不能，只要做好力所能及的事，开心快乐就好。"过分要强只会让孩子失去自我。

（2）父母不要心急，培养孩子的心理韧性要徐徐图之。可以让孩子从小事做起，比如，每天做一件小事来锻炼耐挫力和复原力，坚持下去，一边学习，一边做，最后总结经验。对孩子说："不要心急，爸爸和妈妈等着你成长，慢慢来，脚踏实地地努力。"

（3）亲子沟通和交流必不可少。在培养孩子的心理韧性时，不要忘了倾听他们的声音，了解他们内心的想法和感受，让他们说出自己的困难或觉得疑惑的事情。告诉他们："爸爸和妈妈想知道你的真实想法，咱们一起讨论下，有什么问题及时跟我们说。"

在这里强调一点，孩子一旦提出问题，不管问题本身是幼稚的还是深奥的，父母都要认真对待，不能笑话或否定，要让孩子感受到被尊重和重视。

（4）和孩子一起复盘，总结和积累增强心理韧性的经验。复盘不仅是回顾历史的过程，还是思考的过程。即总结自己脆弱的一面，然后有针对性地采取措施，对症下药。复盘时，父母的语言应该是客观的，客观评价孩子的脆弱行为，客观分析解决问题的办法。

（5）当孩子没有进步时，父母要多用鼓励的语言，别用对比或批评的语言刺激孩子的心。可以这样说："你觉得自己没有进步，依旧害怕失败，担心做不好，但爸爸和妈妈看到了你的努力和坚持。从这一点看，你就是进步的，是成长了。别妄自菲薄，继续努力，坚持住，我们都会支持你。"

父母在与孩子交流或引导孩子做某件事时，一定要发挥出语言的魅力。当孩子需要温柔耐心时，则如春雨般滋养孩子敏感脆弱的心；当孩子需要严格要求时，也要坚持"慈中有严，刚柔并济"的原则。说话要掌握尺度，要在孩子能够接受的范围内，在紧的时候适当放松，在松的时候拉一拉，要让孩子感受到父母的爱和引导。

当孩子的心变得越来越坚强、充满韧性时，脆弱的一面也将不复存在。

与自己对话

你也发现了吧？想要规范或改变孩子的行为习惯很难，需要我们付出更多的精力和时间。孩子在纠正或改变不好的习惯时，也会感到很痛苦，会抵抗，也会反驳。当孩子排斥时，你也别生气、着急或焦虑，给孩子一些适应的时间。

想要改变现状，父母需得和孩子共同努力，互相配合。放宽心吧！尽自己最大的努力去教育孩子，尽人事，然后将一切交给孩子，引导他们主动去改变。

培养孩子的时间观念

当孩子有磨蹭和拖延的不良习惯，没有时间观念时，你会这样说他吗？

"怎么还在玩儿啊？快点儿写作业去，每次看见你都在玩儿，学习成绩还能好得了？"

"快点儿吧！可别磨蹭了，你看这都几点了？上学快迟到了，你还想不想吃饭了？"

"你拖延的毛病什么时候能改好啊？很多事情都耽误了，作业做不完，体育也不达标。再这样下去，你可怎么办啊？"

"听妈妈的话，快点儿把单词复习一遍，不然老师明天还会罚你。"

面对孩子的磨蹭和拖延，上述父母的语言重点在催促，不断地用语言催孩子快一些，再快一些，可谓苦口婆心。可这看似实用的语言对孩子来说却无用，他们非但没有变快，反而变得更磨蹭了，似乎偏要跟父母做对。

事实上，父母的语言要说得恰到好处，孩子的行为习惯才能更好。语言相当于一个标杆，能给迷茫的孩子指明方向，让他们知道从哪儿入手才能改变现状，从而敢于面对，不再脆弱。

同样的情况，如果父母换一种语言，效果也许会更好。

"写作业很枯燥，对不对？这样吧，妈妈教你玩儿一个很有趣的番茄钟游戏吧！你把今晚必须做完的作业列出来……妈妈用25分钟给你一个惊喜！"

"今天学校会有你最喜欢的机器人表演，如果迟到了就没有入场券啦！抓紧时间吃个鸡蛋，不然一会儿饿晕了，机器人可不会人工呼吸。"

"这件事的确很难完成，你竟然坚持到现在，爸爸给你点个赞。我知道你磨蹭是因为不知道怎么下手，好吧，我们一起分析下该怎么解决。你先说一下自己的思路，我们探讨下，一起解决！"

"背单词效率不高，对不对？怪不得你一直拖着不做呢！妈妈告诉你一个背单词的秘诀吧，在文章里背效果更好哦！快去试试。"

有时，孩子拖延和磨蹭只是外在表现，父母要了解他们的内心，认识到他们因何磨蹭，才能真正帮助孩子快一些，让他们轻松管理自己的时间。

这个时候，父母不应该简单粗暴地催促，而应该通过语言点明解决当下问题的方向，告诉孩子如何去做，怎样去选择。正如上述父母的语言，孩子听到后可能会对番茄钟游戏感兴趣，会为了看机器人表演而加速，也会知道爸爸愿意陪着他找到解决难题的办法。如果孩子行动有了方向，心里有了目标，大脑有了方法，磨蹭和拖延自然会慢慢消失。

此外，父母还可以顺势给孩子科普几种有效的时间管理方法，让他们合理规划自己的时间。下面介绍几种科学有效的时间管理方法，大家可以借鉴，找出最适合自己孩子的方法。

1. 吞青蛙法则

这个方法适用于被偏科困扰的孩子。这样的孩子看到数学或英语学科就头疼，无数次萌生出退缩的想法，没有学好这些学科的勇气，害怕面对，甚至幻想学不好的这科消失。

博恩·崔西在《吃掉那只青蛙》一书中写道："如果你必须吃掉一只青蛙，不要长时间盯着它看。如果你必须连着吃掉三只青蛙，记得要先吃掉最大、最丑的那只。"如果偏科的同学每天都能将最难为他们的学科"吃掉"，先攻克相对艰难却有意义的学科内容，那么接下来的学习会更高效。

越是学不会，就越要下功夫，让孩子将不愿意学的学科排在时间计划表的前面，将它当成一只特别丑陋的青蛙，然后一口吞掉它。青蛙都吞掉了，后面就没有让人难受的事情了，做起来也会心情舒畅。

2. 番茄钟时间管理法

这个方法适用于时间观念弱且没有兴趣或动力行动的孩子。神奇的番茄钟可以带动他们学习的积极性，让他们像是在游戏中更高效地完成任务，能更直观地感受到时间的可贵，从而分秒必争。

使用番茄钟时间管理法分为以下几个步骤。

第一步，列一张任务清单，将当日要学习的内容写在任务栏中。任务栏的设计可以简单化，两列即可，一列是待办事项，一列是完成情况。

第二步，找到自己的番茄钟，可以是计时器、手机、闹钟等。家长也可以参与到孩子的番茄钟时间里，帮助孩子计时，或者找更年幼的小朋友帮忙计时，对计时的幼儿来说，相当于从小就接受了时间管理的启蒙。

第三步，按照轻重缓急选出一个项目，按下计时器，以25分钟为限。时间到后，计时器响起，停下手中的一切，休息5分钟，再进行下一个番茄钟时间。完成4个番茄钟时间后休息15分钟。

第四步，25分钟的番茄钟时间是完整的，中途被打断时要看被打断的时间有多久。如果时间过长，那么这个番茄钟时间作废，在任务清单上画上标记，表明"被打扰"。

第五步，注意总结和反省，查看自己的番茄钟时间是否有效，有无改进措施。

3. 一万小时定律

这个方法适用于容易被困难或挫折影响心情和行动力的孩子，让他们知道坚持的力量——量的积累可以达到质的飞跃。

加拿大作家马尔科姆·格拉德威尔在《异类》一书中提出一万小时定律。"人们眼中的天才之所以卓越非凡，并非天资超人一等，而是付出了持续不断的努力。一万小时的锤炼是任何人从平凡变成世界级大师的必要条件。"

如果一个孩子肯每天花费一小时额外的时间去学习，专心利用这一个小时，每天坚持，那么十几年之后必定会有成效。要让孩子懂得坚持到底的可贵，不畏惧困难和挑战，勇于改变自我，与脆弱说"拜拜"。

父母语言的引导应该是潜移默化的，想要教会孩子珍惜时间，父母首先要不磨蹭，用实际行动告诉孩子应该怎么合理利用宝贵的时间。孩子在耳濡目染下模仿和学习父母，其时间管理水平也会得到提升。

与自己对话

孩子的行为习惯不好，别着急，也别只看不良习惯或行为的表现形式，要透过现象看本质，找到症结所在。

父母是孩子成长路上的重要"家庭医生"，我们理应是最了解孩子的人，应该试着不被他们的坏习惯或不良行为扰乱心情。待稳定情绪后，深挖并找到症结，然后对症下药，在相信孩子的同时，帮他们慢慢纠正错误的行为，逐渐养成良好的学习和生活习惯。

让孩子为自己做的事情负责

责任感代表什么呢？孩子一旦拥有了责任感，当做错事或因个人原因导致失败时，他们会勇于承担，积极反省，而不是抱怨他人，逃避责任，不能面对自己的不足和失败。责任感代表一股自内而外的力量和勇气，可以让孩子变得不脆弱，更有担当。对自己做的事情负责，更有利于孩子积极人格的塑造。

孩子责任感的培养要落在日常教育的细节当中，当孩子出现错误或失败时，父母的引导要注意以下几点。

（1）语气平和，别大惊小怪，让孩子认为失败或做错事的影响很恶劣。批评和指责只会吓坏他们，触发他们内心的防御机制，从而本能地逃避责任。

（2）最好不要带有主观判断，要客观评价，用恰当的语言引导孩子如何处理，言传身教地告诉孩子正确的解决思路是什么。

（3）父母可以分享自己负责任的感受，再让孩子从具体事件上感受到勇于承担、敢于负责的优越感，那是一种内心的富足和豁达。

（4）要给予孩子必要的鼓励和支持，从提高学习能力、做事能力到提升自信、勇气，为负责任打下坚实的心理基础。

"让孩子对自己做的事情负责"这简单的十几个字蕴藏着深厚的能量，是一个孩子养成良好行为习惯的必要条件。如果一个孩子对自己做的所有事负责，那么一切问题就都有了解决的捷径。孩子会第一时间意识到自己的问题，从而积极面对，因为他们是第一责任人，理应第一时间发现并改正自己错误的行为习惯。

如果一个孩子缺乏负责任的意识，意识不到自己存在的问题，那么他会继续表现得脆弱：事情被搞砸了全是他人的责任；失败了跟他们没关系；就算一蹶不振又怎样，"摆烂"总比坚持强。一旦孩子拥有类似的心理，那结果是很可怕的。下面我们来看一则案例，分析一下这位家长是如何理顺孩子的"摆烂人生"的。

茉莉发现女儿在做错事时会下意识地说"我没有"，否定这件错事是自己做的。在学校参加集体表演时，如果她不小心弹错了音，或者唱错了词，最后连带着周围人也跟着弹错、唱错，表演结束后，她绝对不会提自己的失误，不会承认是自己的问题导致演出失败的。她否认自己做错事后，似乎发现了一个逃避惩罚的"秘诀"，即只要不承认、不负责，问题和矛盾就会自动消失。这种想法逐渐发展为"摆烂"，安于现状，遇到事情不想着如何解决，而是先找到将事情推出去的理由。

　　这一次，茉莉又发现了女儿的推脱行为。当时，她正在厨房做饭，听到哐当一声脆响，以及孩子奶奶的惊呼："哎呀，这个花瓶是从法国带回来的，怎么这么不小心啊！"她顺势走到客厅，便看到女儿错愕和惊慌的表情。见到她的瞬间，女儿立刻摇摇头，说："我没有，不是我，是风刮的。"

　　此情此景，任谁都会责骂孩子，不仅不承认错误，还说谎，推卸责任。但她没有立即发脾气，而是深吸一口气，说："你没穿鞋，千万别动，别让花瓶的碎片划到脚。"说着，她拿着工具将破碎的花瓶收拾起来，又仔细检查了女儿的脚底，松了一口气，说："幸好没划伤，不然会很疼。"

　　女儿问她："妈妈，花瓶碎了，您不生气吗？"

　　她笑着说："花瓶再贵也只是一个装饰品，哪有人重要啊！人没有被划伤就好。你跟妈妈说实话，这个花瓶真是风吹掉的吗？"

　　女儿不好意思地笑了笑，说："不是风吹的，是我不小心碰到了。"

　　她接着问："那你刚才为什么不说实话呢？"

　　女儿说："我害怕，奶奶说这个花瓶是从法国带回来的，我担心被您骂，害怕受到惩罚。"

　　她便耐心地引导女儿，鼓励道："犯错误了别害怕，最重要的是诚实，敢作敢当，为自己做的事情负责。错误既然已经犯了，再害怕也没用。我们要做的不是将错误推出去，而是想办法解决，负起责任来。"

茉莉让女儿知道犯错误没有想象中那么可怕，用实际行动让女儿看到承认错误并不会被批评，同时用鼓励的话让她勇于承担责任。

接下来，她带领孩子从身边的小事做起，当经历失败或做错事时主动承认，积极寻找解决办法，给孩子树立榜样。当孩子做错事时，她也会用鼓励的语言激励孩子承担责任，想办法将事情做好。慢慢地，孩子不再惧怕错误或失败带来的后果，也不担心被批评，说谎和推卸责任的行为逐渐被纠正。

每一个孩子都是好孩子，假如孩子出现错误的行为或养成不良的习惯，父母就要反省自己的教育，尽最大努力纠正孩子的错误理念，帮助和引导孩子朝着积极向上的方向成长。良好的行为习惯并非能在一朝一夕间养成，父母方法要用对，语言要说好，孩子得领悟透彻，行动到位。所以，从此刻起，和孩子一起努力吧！

与自己对话

在一定意义上，孩子是一面镜子，从他们身上能看出父母的教育是好，还是有待提高。想要孩子成为怎样的人，拥有怎样的人生，父母就需要先成为那样的人。要孩子积极，父母就得乐观向上；要孩子坚持，父母就得持之以恒，决不放弃；要孩子对自己做的事负责，父母就得言传身教，悉心教导。

希望所有的孩子都能健康成长，拥有富足而充满正能量的人生。

总结和积累走出逆境的诀窍

对处于逆境的孩子来说，父母的语言就是冲破黑暗的一缕缕阳光，可以照亮孩子的内心世界，让他们有勇气和力量重拾信心，走出困境。

走出困境说来简单，但如果让孩子凭他们自己的认知水平去探索诀窍，其实很难。父母在这个时候就需要给予他们力量和引导，让他们感受到支持和信任。

在这里，父母进行引导时要讲究方法，不能浮于表面地去说："孩子，你要加油啊！爸爸和妈妈相信你可以做到。"而是要将"加油"具体化，告诉孩子如何加油，通过哪些途径加油；要把"相信"细节化，描述出孩子具体做的事或他们的表现、行为或观点，指出孩子做得好的地方。这样说，可以让父母的语言更具说服力，孩子听了也会感到有理有据，能够心服口服。

那么，父母需要怎样引导孩子积累和总结走出逆境的方法呢？

1. 培养孩子的逆境思维，让他们将逆境看成磨炼自己的挑战

父母教育孩子时，应多一些平等和尊重，不要用说教或命令的口气，要以孩子能够接受的方式进行。

父母在与孩子交流时，可以主动分享自己走出逆境的故事，讲出起伏，以调动孩子的好奇心。同时，很自然地从故事中透露出什么是逆境思维，身处逆境需要怎么做。父母或身边的人就是孩子模仿的榜样。

2. 练就积极的心态，让孩子将逆境想象成升级打怪的游戏，以轻松的姿态应对生活或学习中的低谷

积极的心态靠父母语言的滋养和孩子日常的积累。父母的语言要温暖、有力而有趣。温暖、有力的语言能给孩子带来面对或挣脱逆境的勇气。父母直击孩子兴趣点的语言能帮助孩子日复一日地坚持，孩子有了兴趣，便会随父母的引导主动去钻研。父母也可以试着设置陷阱，和孩子玩挣脱逆境的亲子游戏，带领孩子进行复盘和反省，让孩子了解自己的优势和不足。

3. 鼓励孩子努力学习，提高自身能力

父母要告诉孩子，现在看似难以解出的题目或不知如何走出的低谷，都是可以通过学习成长来解决的，要将视线拉长，用长远的

眼光看待问题。平常要多读书，扩展阅读面，学习古人的智慧，借鉴他们的经验，脚踏实地地学习，提高自身的能力。

父母可以试试用类似的语言引导："现在觉得难太正常了，妈妈像你这么大的时候也有觉得过不去的坎儿，但是两年后再回过头想想，觉得也不算什么。迷茫的时候就多看书，学的知识越多就越有底气。爸爸和妈妈陪你一起，别怕。"

4. 给孩子分享走出困境的秘诀

下面给大家介绍一个应对逆境的方法——LEAD四步法。

LEAD四步法是美国保罗·史托兹博士在《逆商》中介绍的方法，分为倾听（Listen）、探索（Explore）、分析（Analyze）、操作（Do）四步。父母可以带孩子实际操作一遍，让他们了解这一知识工具的应用方法和运作原理。

首先，倾听内心的声音，了解自己对困境的认识。可以这样提问："现在正陷入怎样的困境中，有什么感受？出现这种感受的原因是什么？"

其次，探索对结果的责任感。可以和孩子说："你知道自己需要对哪些事情负责吗？说出你在意的地方。"

再次，分析局限性想法，找出形成这些想法的依据，逐一推翻。可以这样跟孩子说："事情难以掌控的依据是什么？此次困境会影响到生活的其他方面且一直存在的依据是什么？"

最后，鼓励孩子思考如何去做。拒绝空想和焦虑，立刻行动起来。可以这样说："怎么做才能改变现状？怎么做才能让情况好转？做什么事能增加你对事件的掌控感？"

阳光总在风雨后，风雨后也可能看到令人惊艳的彩虹。逆境有时候如狂风暴雨，是阻挡前路的巨石；但换一个角度去看，它也可以是帮助孩子提升自我的磨刀石；只要孩子乐观面对，从容不迫，最终就会拥有"轻舟已过万重山"的畅意人生。孩子的阅历毕竟比较浅，父母有必要教会他们正确面对逆境，教给他们走出困境的诀窍。

看淡逆境，直面低谷，才能走出眼下的僵局。

与自己对话

育儿的过程很艰辛，有开心的喜悦，也会有坎坷的逆境，不管结果怎样，中间的过程一定是充满价值的。不管此刻我们在经历什么，追求怎样的成果，我们都会在坚持中见证自己的成长，一步一个脚印，最终成为更好的自己。

第七章

努力做积极乐观的父母

父母不仅要说得通透，还要做得漂亮

"您不让我玩手机，可您和爸爸下班回家后都手机不离手，问你们问题，你们也磨磨蹭蹭，敷衍了事。我为什么要听你们的？我也要玩手机。"

"您自己都情绪不稳定，动不动就对我大吼大叫，现在却要求我别激动，我怎么能不激动？"

"不让我看电视，你们却偷偷看。真是说一套，做一套。"

"凭什么不让我做这个，不让我做那个？别再跟我说规矩了，家里的规矩是专门为我定的吗？"

听到孩子这样说，父母会是什么心情呢？绝大部分父母应该会生气，认为孩子强词夺理，为自己的错误行为开脱；一小部分父母会有羞愧心理，认为孩子说得也对，他们的确没有说到做到；还会有一部分父母意识到问题，下定决心做出改变。

不论父母做出怎样的反应，他们的行为已经在孩子心中留下了深刻的印象：爸爸妈妈只是说得好听，定下的规矩连自己都遵守不了，凭什么来要求我？一旦孩子有了类似的想法，想要他们再改变现状、纠正错误的行为就很难了。

我一直认为，好的家庭教育就是和孩子一起成长。如果说父母恰到好处的语言是教养孩子的关键，那么父母的行为就是重中之重。

想要孩子成为怎样的人，父母就要先成为那样的人。

孩子爱玩手机游戏，父母要改变这种状况，就需要和孩子一起面对。首先，父母不能再玩手机游戏，改掉自己的习惯，再去引导孩子。然后，充实业余生活，和孩子分享放松身心的方式，培养更多的兴趣、爱好，逐步引导孩子彻底戒掉手机游戏。

孩子磨蹭、拖延，不敢面对挑战，父母可在做事时展现雷厉风行的一面，正面面对问题，给孩子树立一个好榜样。

孩子爱哭，遇事总是抱怨、逃避，不能面对自己的缺点，父母可在做事时展现认真的一面，遇到难题首先想解决办法，而不是埋怨，急于落实责任人。

想要孩子积极向上，充满正能量，父母首先要乐观向前，永远有向云而冲的勇气和自信。父母什么样，孩子就容易变成什么样。孩子是反映父母行为和教育的镜子，可以看到成果，也会反映问题。

与自己对话

在一定意义上，父母都希望自己是孩子眼中的超级英雄，是无所不能的存在。

被自己的孩子崇拜，那种感觉肯定超赞吧！使命感和责任感也会瞬间提升，但同时肯定也会有所顾忌，会反问自己："我真的可以做到那样吗？"

现在我要告诉你，与其做一个无所不能的超级英雄，不如做一个有血有肉的平民超人。这个平民超人也会犯错，但知错能改，能积极反省；经历失败也会难过，但第二天还会正面面对挑战，不会逃避；同样免不了情绪失控、生气，但也会及时管理疏导坏情绪，让心态平稳。

我想，孩子需要的就是触底可以反弹的父母，是平民，却有着超人般不言弃的精神。

对孩子的有效鼓励是靠不断摸索和改进的

唯物辩证法认为无论是自然界、人类社会还是人的思维都是在不断地运动、变化和发展的。事物的发展具有普遍性和客观性，要用发展的眼光看问题。

父母在鼓励孩子时也要不断更新方法，以满足孩子日渐增强的探索欲和新鲜感。父母的语言引导要保持一定的新鲜感，孩子体验到了新鲜感，其兴趣和热情才会被激发，从而促使其朝着好的方向发展。如果鼓励是一成不变的，没有任何惊喜，孩子也会对鼓励产生"抗体"，不再因父母的鼓励而改变或坚持。那么父母如何保持鼓励方法的新鲜感就成为一个问题。在解决这个问题前，我们先了解一下孩子的特性。

第一，探索欲强，喜欢尝试新事物，会本能地对未知的世界感兴趣，喜欢新鲜感。

第二，思维没有成型，行为和习惯都有待塑造，被心理学家称为"逐渐凝固的水泥"。

第三，持续性不强，父母需时常引导和关注，通过鼓励等方式让孩子逐渐养成良好的行为和思维习惯。

第四，容易被误导、行差踏错，父母要坚持家庭教育。

孩子的成长离不开父母的教育，脆弱的孩子也离不开父母的鼓励。正因为如此，教育对父母的要求更高，它要求我们不断学习，充实知识，丰盈内心。只有变得足够强大，我们才能给孩子更好、更合适的家庭教育。

那么，怎样鼓励，才能提升孩子的反脆弱能力呢？

首先，父母要扩充知识储备量，多多看书，常和其他家长交流，勤思考，改变一成不变的鼓励方式，让鼓励多元化。

"你真棒，要加油啊！爸爸和妈妈相信你。""你太厉害了，真的很不错，要再接再厉啊！""别害怕，失败是成功之母。""我相信你一定可以的。"类似的话第一次说，孩子听了会心花怒放，非常高兴。可如果反复说，或每次都这样，孩子大概就会反应平平，内心毫无波澜吧。

鼓励不仅要适度，还要有新鲜感。新鲜感可以从语言内容、鼓励形式上深耕和挖掘。

关于语言内容，要积累语言，学会说话，这是父母需要一直学习和领悟的领域。说什么话是语言积累，怎么将话说好是语言艺术。父母要加强语言内容的训练，如多读书、读好书、勤思考、爱交流。也可以借鉴身边成功的例子，看看别的家长是如何鼓励孩子的，总结不同的鼓励语言对孩子的不同影响，然后试着实操。

关于鼓励，可以尝试多元化的鼓励方式。如秘密揭晓会给孩子带来更大的惊喜和满足；放手能让孩子更加自信，掌握好鼓励时机比鼓励本身更重要……

比如：在重要场合戴着孩子亲自设计的发卡，给孩子一个充满惊喜和肯定的鼓励；将一件很重要的事交给孩子去做，不问过程，充分展现父母的信任；针对孩子的具体行为或成果进行赞美；引导孩子与自己过去的表现做对比，而非与他人比较；以积极的语言回应孩子的尝试；允许孩子在安全范围内自主选择兴趣爱好和发展方向；在孩子处于低谷或经历坎坷时给他们鼓励，可以说一些他们从前做过的小事，用细节展现出父母看到了孩子做的一切，表示很欣慰。

将单向的鼓励转化成亲子互动游戏，用一个个小游戏增进亲子关系的亲密度，提高孩子的自信心。

在一般情况下，父母对孩子的鼓励是单向输出，鼓励式亲子互动游戏会将鼓励双向化，让孩子更具安全感，和父母一起，一边玩儿，一边变强。下面给大家分享几个有意思的亲子小游戏。

（1）户外探险游戏。爸爸事先做好"探险"准备，可以寻找图片上的植物和花朵，也可以开启寻宝模式，事先埋上选好的"宝藏"，比如笔、橡皮、玩具等，让孩子搜寻。在游戏过程中，通过交流、互相鼓励、分享安全经验等方式锻炼孩子的表达力、毅力及耐挫力，直到完成探险或寻宝游戏。

（2）角色扮演游戏。亲子可以互换角色，让孩子扮演大人，招呼身边的人，或扮演老师讲课，给他们机会表达，体验大人的生活。这可以锻炼孩子的思考力和独立解决问题或冲突的能力。

（3）合作伙伴游戏。参与游戏的人可以多一些，可以以家庭为单位进行，选择的游戏内容可以多种多样，比如诗词接龙、一个比画一个猜、全家一起续写一个故事、合作运物品、接力跑步等。游戏旨在锻炼孩子的团队协作能力，一起面对困难和挑战。

（4）创意手工游戏。准备一些废旧纸箱、剪刀、胶水等材料。父母和孩子一起设计并制作一个纸箱城堡，可以添加窗户、门、塔楼等元素。在制作过程中，父母鼓励孩子发挥创意，培养他们的动手能力和合作精神。

（5）智力挑战游戏。选择一款适合孩子的棋类游戏，如飞行棋、国际象棋等。父母和孩子轮流下棋，通过规则制定、策略布局等锻炼孩子的逻辑思维和策略规划能力。在游戏中，父母要鼓励孩子思考、尝试、挑战，提高他们的抗挫能力和自信心。

鼓励要因材施教，父母要结合孩子的特点，制定出适合孩子的鼓励措施。奖励要落在孩子心坎上，鼓励也要拍在点子上。

总而言之，父母要不断更新自己的知识，学习鼓励孩子的方法，让孩子感受到父母的花样式鼓励。

与自己对话

　　说实话，成为父母后很累吧？

　　从女儿出生到现在，我已经三年没睡好觉了，特别渴望一觉醒来时天已大亮。我成为妈妈后最大的感触就是责任感和使命感增强了，会格外注意自己的言行举止，要学很多东西，不断接触新事物，想要成为女儿的榜样。虽然累，有些苦，但也甘之如饴。很幸运，能够陪伴她成长，参与到她的生命中去。

　　希望你我都可以教导好自己的孩子，让他们变得越来越好。

父母不要害怕说出自己的弱点

我们在教育孩子时容易进入一种思维误区，认为父母一定要比孩子做得好，在孩子面前要永远保持最佳状态，千万不能把自己的缺点和不足暴露出来，否则就会失去父母的权威，甚至会被孩子看不起。

可弱点并不是缺陷，它虽然让人难以接受，但却是每个人身上不可或缺的宝藏。正因为有弱点、会犯错，我们才有进步的空间，有成长的动力。其实家庭教育是相互的，在父母教育孩子的同时，孩子也在以另一种方式教育父母。因此，我们要善于发现孩子身上值得学习的地方。

罗文是一个没有"权威包袱"的父亲，他认为父母与子女的关系是平等的，父母可以以长者的心态对待孩子，却不能用父母的资历对孩子进行说教。在与儿子相处的过程中，他会坦然承认自己存在弱点，有需要改进和提升的地方。比如，他控制不了自己的坏脾气，会将工作上的情绪带回家，脸色很不好，儿子看到他冷着一张脸，也不敢跟他说话。

很快，罗文意识到自己的问题，他立刻找机会和儿子交流，向他坦露心声："爸爸这些天工作压力大，情绪有些不稳定，我不应该把坏情绪带回家，这件事爸爸做得不够好，我向你和妈妈道歉。"他将自己的弱点和不足指出来，向儿子寻求帮助："爸爸暂时没有好的办法控制自己的坏情绪，你在生气或难过的时候是怎么做的呢？有什么好办法可以分享给我吗？"

儿子得知父亲的难处，了解他的弱点后，开始积极思考，想办法提供帮助，他说："妈妈告诉我生气时要深呼吸，爸爸，您下次也深呼吸，多试几次，还挺好用的。"就这样，罗文和儿子一起控制坏脾气，两人沟通的时间多了，他也渐渐改了很多，在控制脾气上有了很大进步。看到父亲的改变，儿子也很有成就感，自信心也增强了，在学校也会主动帮助同学，想办法让难过的同学变开心，逐渐成为班里受欢迎的人。

罗文不惧怕在孩子面前展示弱点，孩子也从帮助父亲克服弱点中锻炼了能力，收获了父母的赞赏和同学的友谊，可谓一举两得，实现了双赢。

有弱点很正常，我们不要放大它，更不要惧怕它，而要正面面对、积极解决，正如我们教导孩子要敢于面对自己的缺点一样。针对弱点，我们可以通过以下途径攻克它。

（1）放平心态，别掩盖它，也别放任不管，不做完美主义的父母，做虽然有缺点但却积极面对的父母。

（2）及时意识到自己的弱点，向孩子取经，学习他们处理问题的方式。

（3）允许自己有弱点，不妄自菲薄，要有活到老，学到老的精神，多学习和积累一些经验丰盈自身，让思想变强大。

我一直认为，有弱点的父母比无所不能的完美父母更具有力量。有温度的教育是让孩子感受到父母和他们一样，也有不足之处，也需要不断地学习，需要改进和提高。有弱点的父母可以用亲身实践告诉孩子，脆弱也可以变强，我们都可以找到反脆弱的方法。

与自己对话

当你做错了事或当众说错了话被孩子看到或听到时，你会觉得羞愧难当吗？

第一反应或许是觉得丢面子吧，不过换一种角度看，你会发现这也是让孩子见证你成长的重要一幕。从现在开始，放下所谓面子和权威吧，积极改正错误，应对困境。你怎样思考、怎样做，孩子都看着呢。这样一想就会觉得动力十足，充满力量吧！

正视自己的教养问题

你觉得自己对孩子的教养方法怎么样？你曾接到过孩子发出的满意或抵触的信号吗？

其实，教养方法没有好坏之分，只有适合和不适合。它也不应该由我们来做出评价，孩子的反应才是最好的指向标。如果他们非常配合，情绪稳定，并且在学校的各方面表现越来越好，那么这种家庭教养方法就是适合孩子的。假如他们表现得很抵触，负面情绪反应强烈，在学校变得沉默寡言，学习成绩下滑，有不合群的表现，那就证明父母的家庭教育给孩子带来了压力，他们不开心，甚至想要逃离。

很多父母喜欢强势教育，认为孩子就应该无条件听父母的，不要有质疑，执行就对了。他们喜欢搜集各种好的教养方法，心想着：别人就是用这种方法教育小孩的，孩子考上了清华大学，这个方法好，一定给自家孩子试一试。这里容易进入一个误区，即一定竭尽全力给孩子最好的。但最好的并不是最适合的，教养孩子如果不因材施教，就会很容易让孩子觉得不舒服，最后产生的效果也大打折扣。

还有一些父母喜欢给自己装上隐形的直升机的螺旋桨，化身为"直升机父母"，对孩子开启密不透风的关爱和养育。这对一些有自主学习力的孩子来说就是噩梦，因为无论他们做什么，父母都在他们身边看着，一点儿自由也没有。在类似教养方法下生活的孩子，父母收得越紧，孩子越透不过气，长期下来是要出问题的。

所以说因材施教是给孩子最好的礼物，能高效地激发出孩子的潜能。

什么是因材施教呢？也就是说，面对性格迥异的孩子，我们的说话方式和教养语言该是不一样的。

同样是鼓励孩子上台来个即兴表演，对于性格开朗外向、喜欢表现自己的孩子，我们可以说："不用妈妈说，你已经跃跃欲试了吧！台上有你最擅长的琵琶，快给我们展示一下你最新的学习成果吧，一定很棒！去吧，你看爸爸已经准备好帮你录像了。"

而对于性格敏感、心思细腻、比较内向的孩子，我们就需要这样说："看到别的同学在台上表演，你也很羡慕吧？其实教你弹琵琶的王老师说过，你现在的水平很高，琵琶弹得非常好，你就是缺少锻炼的机会。你看现在人也不多，是最佳的机会，你要不要试一试呢？"

根据孩子的不同性格说出让他们感到舒服的语言，用孩子能够接受的方式给他们提出意见，这是父母在教养孩子时需要注意的地方。应该什么时候说，用什么方式说，使用什么样的语言，要想做好这些，父母就需要足够了解自己的孩子。先了解，再谈教育。当然，如果父母的教养方式错了，一定要及时发现和改进，力争给孩子最恰当的教育。

错误的教养方式是怎样的呢？

错误的教养语言，一句话就能将孩子打入情绪黑洞，比如："这孩子没救了，以后就这样了，别白费力气了。"而正向的教养语言则会给孩子带来希望，让他永远不会放弃自己，比如："别人怎么看我不管，我只知道你是一个好孩子，妈妈相信你可以改正错误。"

语言在父母教养孩子时表现出来的力量很强大，影响深远。父母在纠正和反省自己错误的教养方式后尤其要注意语言的表达，记得给孩子传递积极向上的观念，告诉他们："你能行！"

与自己对话

《三字经》里藏着教育的秘密："人之初，性本善。性相近，习相远。苟不教，性乃迁。"

我们要跳出固有的思维，反思自己的教育方式，试着换位思考，从孩子的角度出发，找出更适合孩子学习和发展的方法。

首先，我们要尊重孩子的兴趣和选择。每个孩子都有自己独特的兴趣和天赋，他们可能喜欢画画、音乐、运动或者科学。作为父母，我们应该鼓励他们追求自己的兴趣，为他们提供资源和支持，而不是强迫他们按照我们的意愿去发展。

其次，我们要给孩子足够的自由。自由并不意味着放任，而是指给予孩子一定的空间和选择权。让他们在选择中学会独立，在尝试中学会坚韧。我们要相信孩子有能力去解决问题，去应对挑战，而不是过度保护和干涉。

再次，我们要倾听孩子的声音。孩子虽小，但他们的感受和需求同样重要。我们要耐心倾听他们的想法和困惑，理解他们的情绪和需求。通过有效的沟通，我们可以更好地了解孩子，为他们提供更合适的教育方式和支持。

最后，我们要以身作则，展现出积极、乐观、坚韧的品质，让孩子在模仿中学会这些品质。同时，我们也要关注自己的情绪管理，为孩子营造一个和谐、稳定、积极的成长环境。

先做自己，再做父母

不知你是否看到或听到别人讲过的这样一幕场景：

一个小姑娘放学回到家，休息了一会儿，刚喝了一口水，妈妈就下班回来了，她跟孩子说的第一句话就是："你怎么还不去写作业？如果我没回来，你是不是就去看电视剧了？你这么做对得起我吗？我这一天天累死累活的，为了谁啊？"随着一声叹息，一场苦情戏就此展开。在孩子做作业期间，她又开始用她的悲惨遭遇给女儿施加压力，制造焦虑："如果不是为了照顾你，我早就升经理了，你可一定要争气，别给我丢脸。我不舍得吃，不舍得穿，都是为了你，你可让我省点儿心吧，花钱别大手大脚的。吃吧，妈妈特意给你炖的排骨，妈吃点儿蔬菜就行了。"

这样的场景给人的感觉就是很压抑，类似的父母语言常会令孩子感到"窒息"，打着"为你好"的幌子贩卖焦虑，让孩子感到不安和痛苦。

这里存在"父母牺牲论",即父母为了孩子牺牲自我,不在意自身发展,完全没有自己的空间和生活,一头扎进养育孩子的世界里,一切以孩子的意志为转移,围着孩子转。还要用语言将自己牺牲的地方说出来,时刻提醒孩子不要忘了父母为了他们的成长而做出的牺牲,有种道德绑架的意思。

当然,这只是一小部分父母的做法,绝大多数父母会将为孩子做出的牺牲隐藏起来,讲究大爱无声,比如全职带孩子或者为了照顾孩子拒绝升职机会,不再参加任何活动,放弃自己的梦想,等等。他们心里这样想了,也这样做了,都是为了孩子才做出的决定,但他们不说,也不会向孩子展示焦虑的一面。诚然,为孩子做出任何让步和牺牲都源于爱,这无关对错,但却不明智。因为为了孩子放弃自我这件事本身就存在问题。

爱和教育不应该是牺牲一方来成就另一方,任何良好的关系都是互相滋养、共同进步的,亲子关系也一样。我们在任何时候都应该记得这句话:我们每一个人都是先成为自己,再成为父母。

或许我应该换一种说法:为了更好地做父母,我们要先成为自己。先做自己,再做父母。

那么,想要做好自己,需要注意什么呢?

1. 要避免陷入自我牺牲的旋涡,做好"三个改变"

(1)改变"燃烧自己,成全孩子"的思维。良好的亲子关系是互相成全。不要将类似的语言挂在嘴边:"如果不是为了你,我将如何如何。""我这么做都是为了你。"

（2）改变"自我牺牲"的心态。不要用自我牺牲论的语言去敲打孩子，逼孩子学习或做其他事。比如："我都为你放弃工作了，你为什么不好好学习？不体谅妈妈呢？"父母消除"自我牺牲感"，不仅有助于提升自身的心理健康和幸福感，也对孩子的成长和发展具有积极的影响。父母应该努力调整自己的心态，关注自己的需求和幸福感，与孩子共同成长。

（3）改变"围着孩子转"的行为。父母不仅仅要教育孩子，还需要保留自己的生活。

2. 要努力经营自己，做到"三个需要"

（1）成为父母后，我们可能会暂时中断自己的梦想，也可能有条件继续为梦想拼搏。但我们要知道，梦想这件事不应该因孩子的出生而终止，能将梦想珍藏于心或为梦想奋力拼搏的人都是幸福的。因此，我们需要带着梦想用心生活。无论是有梦想、为了事业或理想拼搏，还是全职在家一心养育孩子的父母，都值得孩子认可和尊重。带着梦想用心生活的父母永远是孩子无尽的宝藏。

（2）父母也需要有自己的兴趣和爱好，用热爱的事情滋养内心，只有内心丰盈、饱满、充满能量和希望的父母才能养育出积极乐观的孩子。所以父母要做好自己，才能更好地养育孩子。

（3）父母需要保持学习的心，不断充实自己。学无止境适用于任何人，多读书可以明理、明智、明心，父母的智慧和眼界对孩子来说是宝藏。

总之，好的家庭教育是和孩子一起成长，父母和孩子互相影响，形成良性循环。在这个循环中，做好自己是一切的基础，基础的坚固与否直接影响着孩子和家庭，甚至是未来的一切。

那么，就从现在开始吧！无论何时都要关心自己的内心，让它更坚强、更有力量！

与自己对话

或许你会问，父母不就是应该为了孩子做出牺牲吗？如果不是，那就太自私了吧？

在一定程度上，父母为爱牺牲自我的确很令人感动，但这份爱沉甸甸，热忱得不敢让人直视。这样的爱或许不是动力，而是压力。

我们是父母，但更是自己。只有滋养好自己，才能养育好孩子。所以，从此刻起，重新捡起自己丢失在育儿道路上的梦想吧！做个追梦人，为之拼搏，相信闪闪发光的你必能给孩子树立一个好榜样。

和孩子一起成长

　　在很长一段时间内，我都在思考一个问题：我可以教育好自己的女儿吗？自女儿雨桐出生开始，这个问题就一直盘旋在我心中，且在与她相处的过程中，我还意识到一个新的难题：我能教给她什么？

　　不可否认，作为一个仍旧需要学习的新手妈妈，我存在很多问题。比如：我时常焦虑，担心她身上的湿疹会加重，担心她不好好吃饭或刷牙，担心她频繁看电子产品会近视；情绪问题会经常出来刷存在感，在她哭闹时我会焦躁，我也会将工作中的负面情绪带回家，尽管我很努力地在不断管理自己的情绪，但负面情绪似乎不会消失。我也常常自省，觉得自己不称职，可能不是理想中的好妈妈。

　　但是有一天，我突然推翻了对自己教育的否定，并且重新认识到究竟什么才是最好的教育。

那天，我在电脑前改稿，28个月的雨桐拿着一盒菇娘果朝我跑过来，不小心摔在了垫子上，菇娘果全掉了出来。我以为她会哭，或者不管地上的东西，没想到她圆嘟嘟的小脸动了动，说："没关系，捡起来就好。"然后把地上的菇娘果全都捡到了小盒子里。我当时感到好欣慰，给出差的先生发微信消息，感慨我们平时跟她讲的事情她都记得：遇到了事情，说"没关系，解决了就好！"。

当她不小心摔碎玻璃杯时，我们会告诉她："没关系，别怕，把碎玻璃收拾好就行。你别动，不要割伤手和脚。"当她摔倒了时，我们鼓励她自己站起来："没关系，摔倒而已，拍拍膝盖上的灰，站起来继续玩儿。"当她倒水全倒在了地上时，我们告诉她："没关系，拿抹布擦干就好，多试几次就能倒进杯子里了。"在陪伴孩子成长的过程中，父母会遇到各种各样的难题，没关系，一个一个解决就好。

经过此事，再反省我之前对孩子的教育以及那些自我否定，一切似乎变得明朗起来。

重要的是学会与消极负面情绪和谐相处，甚至将负面情绪转化成积极情绪。

那些令我焦虑的事情也许还会以另外一种形式出现，随着孩子的长大，困难也许会越来越多，但我可以一件件解决，不会退缩。虽然还有处理得不好的地方，但我在进步、在学习，在试着做一个好妈妈。

同样，孩子的脆弱行为也会时常出来刷存在感。也许，我们很努力地运用正向的语言引导和鼓励孩子，但发现过了很长时间后，他们依旧脆弱，不敢挑战，面对困难还是会下意识地退缩和逃避。这时候我们应继续等待，相信在积极乐观的父母的影响下，孩子会一点点做出改变，会在他们的时区里逐渐成长，有快，也会有慢。虽然孩子还有些脆弱，但他们在尝试着变勇敢，努力做一个好孩子。

父母的言行就像是一粒种子，播种在孩子的心田上，只要愿意等待，勇敢、自信、积极向上的嫩芽早晚会破土而出，向着朝阳生长。

家庭教育是双向的，是家长与孩子的互相成全。在我们教育孩子的同时，孩子也教会我们很多。我们就是在互相学习中逐渐进步，找到最适合彼此的相处方法的。

好的家庭教育是言传身教，是父母的唤醒与孩子的觉悟的共同作用，也是父母与孩子的共同学习和成长。

愿我们都可以成为孩子理想中的好父母，用正向的语言滋养孩子，和他们一起追寻星辰和大海，感受世间的爱与繁华。

这本书送给所有父母，希望它能够发出微光，给迷茫中的人指明方向。